U0653028

高等学校经济管理类专业系列教材

基 础 会 计

主 编 刘 骏

副主编 曾 晶 袁瑶瑶 宁发艳 林燕梅

参 编 杨多友 徐 辉 许瑗瑗 徐 兰

周楚君 詹 麒 万丽霞 张沁雨

蒋岱寅 陶美春 魏欢欢 何映竹

邢君子

主 审 胡云清

西安电子科技大学出版社

内 容 简 介

本书根据《企业会计准则》的最新理念和内容，结合刚入校大学生的特点和会计初学者的学习规律进行编写。全书共十章：第一章为总论；第二章讲述会计科目和会计账户；第三章至第九章基于会计核算方法，介绍财务会计的基本理论与方法、复式记账、借贷记账法在制造业中的运用、会计凭证、会计账簿、财产清查、财务报告；第十章简述了账务处理程序。

本书每章开头都有案例引入，结尾都有案例分析和实训。案例引入能激发学生的学习兴趣，案例分析有助于提高学生对本章知识的综合运用能力，实训部分能增强学生的实际操作能力。

本书可作为高等院校会计、审计、财务管理、工商管理等专业学生的教材，也可供相关从业人员参考阅读。

图书在版编目(CIP)数据

基础会计 / 刘骏主编. --西安：西安电子科技大学出版社，2024.4
ISBN 978 - 7 - 5606 - 7075 - 1

Ⅰ.①基…　　Ⅱ.①刘…　Ⅲ.①会计学　Ⅳ.①F230

中国国家版本馆 CIP 数据核字(2023)第 200476 号

策　　划	李鹏飞
责任编辑	李鹏飞
出版发行	西安电子科技大学出版社（西安市太白南路 2 号）
电　　话	(029)88202421　88201467　邮　　编　710071
网　　址	www.xduph.com　　　　　　电子邮箱　xdupfxb001@163.com
经　　销	新华书店
印刷单位	陕西日报印务有限公司
版　　次	2024 年 4 月第 1 版　2024 年 4 月第 1 次印刷
开　　本	787 毫米×1092 毫米　1/16　印张 10
字　　数	234 千字
定　　价	29.00 元

ISBN 978 - 7 - 5606 - 7075 - 1 / F

XDUP 7377001-1

＊＊＊ 如有印装问题可调换 ＊＊＊

前　言

为了适应新时代的发展，满足职业教育发展的需要，培养合格的高技术、高技能、高素质应用型人才，我们组织优势力量编写了本书。

本书共十章。第一章为总论，主要阐述会计的产生及发展，会计的定义、职能和目标，会计对象，会计要素，会计等式等；第二章为会计科目和会计账户，主要阐述会计科目的内涵、会计账户的含义和结构；第三章为财务会计的基本理论与方法，包括会计前提(假设)、会计确认计量的基础、会计信息质量要求(特征)和会计的基本方法；第四章为复式记账，包括复式记账的基本原理、借贷记账法的基本内涵和试算平衡等；第五章为借贷记账法在制造业中的运用；第六章为会计凭证，包括会计凭证的含义、分类、传递与保管等；第七章为会计账簿，包括账簿的含义、内容、启用、格式与记账方法，对账，错账更正，结账，账簿的更换与保管等；第八章为财产清查，包括财产清查的含义、方法和财产清查结果的处理等；第九章为财务报告，包括财务报告的含义、资产负债表的编制、利润表的编制等；第十章为账务处理程序，包括账务处理程序的含义、记账凭证账务处理程序、科目汇总表账务处理程序、汇总记账凭证账务处理程序等。

本书在编写过程中力求体现以下特点：

(1) 注重可操作性，理论密切联系实际。

本书每章开头都有案例导入，结尾都有案例分析和实训。案例导入能使学生迅速进入课程内容，案例分析和实训则能使学生提高实际应用课程内容的能力，巩固相关知识。

(2) 语言表述通俗易懂，深入浅出。

例如，书中用会计分录来解释会计确认，不仅纠正了 FASB 关于会计确认的解释的缺陷，还使初学者易于准确把握会计确认的含义，是一个重要的理论创新。

(3) 思政内容贯穿全书。

课程思政是当下高等教育教学中的重要环节，本书在合适的知识点中都尽量嵌入相关的思政内容，力求加强高等学校教书育人的作用。

参加本书编写工作的人员包括(排名不分先后)：刘骏、杨多友、曾晶、袁瑶瑶、林燕梅、徐辉、许瑷瑷、徐兰、周楚君、詹麒、万丽霞、张沁雨、蒋岱寅、陶美春、魏欢欢、何昳竹、邢君子等。刘骏担任主编，曾晶、袁瑶瑶、宁发艳、林燕梅担任副主编，胡云清担任主审。

本书的出版得到了江西软件职业技术大学副校长徐国荣教授、原教务处处长颜晓燕、教务处处长李嵩、教务处副处长任倩等的大力支持和帮助，在此一并致以诚挚的谢意。

作者

2023 年 8 月于江西南昌

目　　录

第一章　总　　论

案例导入

作为一门社会科学，会计和我们的生活息息相关，生活中很多人有给自己的日常开支记账的习惯。表 1-1 是大学新生刘同学的日常生活收支账单。

表 1-1　刘同学的生活流水账(2023-03-01)

昨日结余	2 100 元
看电影	−50 元
吃饭	−120 元
买衣服	−560 元
爸妈打钱	+3 000 元
买零食	−150 元
今日结余	4 220 元

刘同学没有学过会计知识，但也能够做出一份属于自己的流水账，而这份流水账中包含了众多会计元素。例如，这份账单是刘同学的个人账单，刘同学自己作为会计主体，确认记录计量自己的经济活动；表格内的数字都用人民币作为单位，这反映了会计采用货币进行计量；表格内数字的加减反映了刘同学发生的支出和收入，这是会计中会计要素的体现。那能否说明刘同学已经是一名合格的会计了呢？很显然，并不能。刘同学的流水账只是简单反映了刘同学自己的现金的流入和流出，而会计需要反映的经济内容并不只有现金的收付。例如，假设刘同学上个月用手机软件购买了一份 3 000 元的理财产品，在他的流水账上应该登记的项目是买理财产品，金额是 3 000 元，但是理财产品本身作为一项有变现能力的资产却没有体现在刘同学的记录中，这时就需要引入会计要素中的"资产"的概念了。

第一节　会计的产生及发展

一、会计的产生

纵览人类社会的发展历程，生产实践及其相关活动贯穿文明进步的始终，在为人类社会提供必要的物质支撑的同时，积累了社会进步所需的各类财富。审视人类的生产活动，务求明晰两个要点：其一为劳动成果，其二为劳动耗费。劳动成果若无法对劳动耗费予以弥补，则生产必趋于萎缩，社会呈萧条倒退之态；劳动成果若仅与劳动耗费齐平，则生产不过是简单重复的过程，社会发展面临瓶颈；只有劳动成果超越劳动耗费，则社会扩大再生产可期，人类才能开展多元化的活动，社会才能不断进步。不论人类处在何种社会形态之中，也不论社会处于哪个发展阶段，生产力进步推动社会进步成为共识，因此，劳动成果与劳动耗费的权衡成为关键所在。在这一权衡过程中，具备合理性的确认、计量、记录方式涌现，朴素的会计思想与行为从此萌芽。在发展伊始，会计缺乏独立性，是作为生产职能的附带部分而存在的，其功能是对劳动成果、劳动耗费进行时间性的计量与记录。随着人类生产技术积累所带来的生产力大幅提升，简单计量、记录生产活动的早期会计已不合时宜，对劳动成果与劳动耗费更为规模化、精细化的计量、记录要求日渐迫切，由此推动了会计从生产职能中分离出来的进程，专业化、独立性成为会计的全新内涵。就像马克思所说的："经济越发展，会计越重要。"旨在为经济发展提供科学依据的会计根植于生产活动，却又随着生产发展而不断变化，逐步趋向体系化、成熟化。

生产活动的发生是会计产生的前提条件。如果没有生产活动的发生，便不会有会计思想、会计行为的产生。但是，这并不意味着生产活动一发生，就产生了会计思想、会计行为。会计史学者的考古结果表明：只有当人类的生产活动发展到一定阶段，以至于生产所得能够大体上保障人类生存和繁衍的需要时，人们才会关心劳动成果与劳动耗费的比较，特别是劳动成果有了剩余时，原始的计量、记录行为才具备了产生的条件，会计也因此而进入萌芽阶段。这一时期经历了漫长的过程。根据考证，从旧石器时代中晚期到奴隶社会这一时期被称作会计的萌芽阶段，也被称为会计的原始计量与记录时代。由此可见，会计并不是在生产活动发生伊始就产生的，而是生产发展到一定程度，在劳动成果有了剩余后，人们开始关心劳动成果和劳动耗费的比较，更关心对剩余劳动成果的管理和分配，从而需要对它们进行确认、计量和记录，才产生了会计思想，有了会计萌芽。因此，会计是生产活动发展到一定阶段的产物。

★思政小课堂

会计是经济发展到一定阶段的产物，经济越发展，会计越重要。中国特色会计制度随着中国特色社会主义市场经济制度的发展而不断趋于完善，我国会计学者对此进行了长期不懈的研究探索，分析了对中国会计制度有重要影响或决定其特点的主要因素，分析了不同法律体系下的会计模式，研究了会计理论体系的基础理论与一般理论问题，探讨了会计理论结构问题、会计理论体系问题、会计文化问题，以及社会主义市场经济环境下中国会计的特色问题。

2021年7月1日，习近平总书记在庆祝中国共产党成立100周年大会上强调："必须坚持和发展中国特色社会主义""必须坚持党的基本理论、基本路线、基本方略""中国共产党和中国人民将在自己选择的道路上昂首阔步走下去，把中国发展进步的命运牢牢掌握在自己手中！"中国特色社会主义理论具有历史必然性、价值合理性和惠及中国人民的道义性，中国特色社会主义理论体系经历了实践的检验，以该理论体系为主的中国特色会计制度的建立也有了坚实的理论基础。

二、会计的发展历史

(一) 古代会计阶段

古代会计，从时间上说，就是从旧石器时代中晚期至封建社会末期这段漫长的时期。从会计所运用的技术方法方面看，主要涉及原始计量记录法、单式账簿法和初创时期的复式记账法等。这个阶段的会计所进行的计量、记录、分析等工作一开始是同其他计算工作混合在一起的，经过漫长的发展过程，逐步形成一套具有自己特征的方法体系，最终成为一种独立的工作。

(二) 近代会计阶段

近代会计的时间跨度一般认为应从 1494 年意大利数学家、会计学家卢卡·帕乔利所著的《算术、几何、比及比例概要》一书的公开出版开始，直至 20 世纪 40 年代末。其间在会计的技术方法与内容上有两点重大发展：其一是复式记账法不断完善和推广；其二是成本会计产生并迅速发展，继而成为会计学中管理会计分支的重要基础。

(三) 现代会计阶段

现代会计的时间跨度是自 20 世纪 50 年代开始至今。在此期间会计的技术方法和内容的发展有两个重要标志：一是会计确认、计量手段方面发生质的飞跃，即现代电子技术与会计融合产生"会计电算化"；二是会计伴随着生产和管理科学的发展而分化为财务会计和管理会计两个分支。1946 年在美国诞生了第一台电子计算机，1953 年计算机便在会计中得到初步应用，其后迅速发展，至 20 世纪 70 年代，发达国家已经出现了电子计算机数据库的应用，并建立了电子计算机的全面管理系统。从系统的财务会计中分离出来的"管理会计"这一术语在 1952 年的世界会计学会上获得正式通过。

第二节　会计的定义、职能和目标

一、会计的定义

会计是以货币为主要计量单位，采用一系列专门方法和程序，对企业和行政、事业单位发生的交易及事项进行全面的、连续的、系统的确认、计量和监督，以提高经济效益为目的，提供经济信息给信息使用者的一种经济管理活动。

以下针对上述会计定义做出几点解释：首先，会计以货币作为主要的计量单位，但货币并不是唯一的计量单位，会计计量还有事物量度、劳动量度等。例如，在对存货进行会计确认和计量时，计算存货数量可能会用到"桶""斤""包"等计量单位，但无论用什么样的计量单位，最后各项经济业务都要以货币为统一的计量单位才能够进行汇总和记录。其次，会计对象是特定单位的经济活动，这里说的会计对象是指确认和计量的对象，也可以说是一个范围。最后，会计是一项经济管理活动，所以，会计属于管理范畴。

二、会计职能

从会计的产生和发展中我们可以看出，会计是随着生产的发展逐步从企业各项经营活动中分离出来的一项提高经济效益的管理活动。会计在经济管理活动中扮演着重要的角色。会计职能，就是指会计在经济管理过程中所具有的功能。会计的职能包括确认和计量、预测、参与决策、实行监督等，会计的职能随着经济活动的发展而不断进行变化。目前，会计职能分为基本职能和拓展职能。

(一) 会计的基本职能

会计的基本职能包括核算职能和监督职能。

1. 核算职能

核算职能是会计的首要职能，它以货币为主要计量单位，对各种单位经济业务活动或者预算执行情况及其结果进行连续、系统、全面的确认和计量，并据此编制会计报表。其特点表现在如下两个方面。

(1) 会计核算主要从价值量上反映各经济主体的经济活动状况。它对各单位的一切符合条件的交易和事项，以货币计量为主进行确认和计量，从而保证会计记录的完整性。会计核算包括以下两个环节。

① 确认。在国际会计准则中，会计确认指的是会计数据进入会计系统时确定如何进行记录的过程，即将某一会计事项作为资产、负债、所有者权益、收入、费用或利润等会计要素正式加以记录和列入报表的过程。确切地说，会计确认指的是会计分录三要素当中的两要素，即借贷方向和科目。具体表现为解决以下几个问题：交易或事项是否进入会计信息系统；何时进入；进入何种科目；记账方向是怎样的。

② 计量。计量是指以货币为计量单位对已确定可以进行会计处理的交易和事项确定其应记录的金额。

(2) 会计确认和计量具有连续性、系统性和完整性。各单位必须对客观发生的所有符合确认和计量条件的交易和事项，采用系统的方法体系，按时间顺序，无一遗漏地进行记录。

2. 监督职能

会计监督职能，是指会计具有按照一定的目的和要求，根据会计相关法律制度及各类财务制度，对各类会计主体的经济活动进行真实性、合法性和合理性的审查。

根据《中华人民共和国会计法》和其他有关会计的法律法规的规定，会计人员进行会计监督的对象和内容是本单位的经济活动。具体内容包括：对会计凭证、会计账簿和会计报表等会计资料进行监督，以保证会计资料的真实、准确、完整、合法；对各种财产和资金进行监督，以保证财产、资金的安全完整与合理使用；对财务收支进行监督，以保证财务收支符合财务制度的规定；对经济合同、经济计划及其他重要经营管理活动进行监督，以保证经济管理活动的科学、合理；对成本费用进行监督，以保证用尽可能少的投入，获得尽可能多的产出；对利润的实现与分配进行监督，以保证按时上缴税金和进行利润分配等。

(二) 会计的拓展职能

会计除了基本的核算职能和监督职能之外，还包括预测经济前景、参与经济决策、评价经营业绩等拓展职能，分别代表了未来、现在及过去三个时间段。

1. 预测经济前景

预测经济前景，指的是根据会计核算得到的信息，推断未来经济活动的变化规律，用来指导和调节经济活动，提高经济效益。

2. 参与经济决策

参与经济决策，指的是通过分析会计核算得到的会计信息，采用专业的分析方法，对经济决策的各种方案进行可行性分析，帮助和指导决策者做出对企业最有用的经济决策。

3. 评价经营业绩

评价经营业绩，指的是基于会计核算所提供的信息，利用适当的方法，对企业过去一定经营期间的资产运营、经济效益等经营成果，运用专业的评判标准进行客观公正的评判，以衡量企业的经营能力。

三、财务报告的目标

财务会计的目的是通过财务报告的形式对外提供会计信息，因此，企业的财务报告就是企业财务会计工作的最终成果，是沟通企业内部管理层与企业外部信息使用者之间的桥梁和纽带。财务报告的目标就是要解决"向谁提供信息""提供哪些信息""如何提供信息"等问题，财务报告的目标在整个财务会计系统中具有十分重要的地位，财务报告目标的定位决定着财务报告应该提供什么样的信息、会计要素应该如何确认与计量，以及财务会计未来的发展方向。

关于财务报告目标的表述，国际上有两派观点：一派观点认为财务报告的目标是向财务报告的使用者提供有助于他们进行经济决策的数量化的财务信息，即决策有用观；另一派观点认为财务报告的目标是反映资源受托经营责任及其履行情况，即受托责任观。我国《企业会计准则——基本准则》综合了这两种观点，它规定，我国企业财务报告的目标包括以下两个方面的内容。

(1) 向财务报告使用者提供对决策有用的会计信息。

《企业会计准则——基本准则》指出："财务会计报告使用者主要包括投资者、债权人、政府及其有关部门和社会公众等。"由此可知，投资者是企业财务报告的首要使用者，满足投资者的信息需要是企业编制财务报告的首要出发点，保护投资者利益是市场经济发展的必然。随着我国资本市场的快速发展，机构投资者及其他投资者，包括潜在投资者的队伍日益壮大，对会计信息的要求日益提高，他们需要会计信息来帮助自己做出投资决策，如是否增资、是否继续持有股份、放弃或转让股权等，他们还需要会计信息来帮助自己评估企业支付股利的能力等。

除了投资者之外，企业财务报告的使用者还有债权人、政府及其有关部门、社会公众等，他们都需要从不同的角度、不同的侧面关注和了解企业。例如，企业的贷款人、供应商等债权人通常十分关心企业的偿债能力和财务风险；政府及其有关部门作为经济管理和经济监管部门，通常关心经济资源分配是否公平、合理，市场经济秩序是否公正、有序，宏观决策所依据的信息是否真实可靠等；社会公众也关心企业的生产经营活动，包括对当地经济的贡献，是否增加就业、刺激消费、提供社区服务等。因此，向财务报告使用者提供对决策有用的信息是财务报告的基本目标。如果企业在财务报告中提供的会计信息与使用者的决策无关，没有使用价值，那么财务报告就失去了编制的意义。

(2) 反映企业管理层受托责任的履行情况。

现代企业制度强调企业所有权和经营权相分离，企业管理层是受委托人之托经营管理企业及其各项资产的，负有受托责任。企业投资者和债权人等也需要及时或者经常性地了解企业经营动态和运营状况。

第三节　会计对象

一、会计对象的概念

会计的对象即会计确认、计量和监督的内容。凡是能够以货币表现的经济活动的特定对象，都是会计确认、计量和监督的内容。而以货币表现的经济活动，通常又称为价值运动或资金运用。

二、资金运动过程

资金运动过程包括特定对象的资金投入、资金循环、资金退出等过程，而具体到企业、事业、行政单位又有较大的差异。下面以制造业企业为例说明资金运动的过程。

(一) 资金的投入

制造业企业要进行生产经营，必须拥有一定的资金，这些资金的来源包括所有者投入的资金和债权人投入的资金两部分，前者属于企业所有者权益，后者属于企业债权人权益——企业负债。投入企业的资金要用于购买机器设备和原材料并支付职工的工资等，这样投入的资金最终构成企业流动资产、非流动资产和费用。

(二) 资金的循环

制造业企业的经营过程包括供应、生产、销售三个阶段。在供应阶段中，企业要购买原材料等劳动对象，发生材料买入、运输费、装卸费等材料采购成本，与供应单位发生货款的结算关系。在生产阶段中，劳动者借助劳动手段将劳动对象加工成特定的产品，同时发生原材料消耗、固定资产磨损的折旧费、生产工人劳动耗费的人工费，使企业与职工之间发生工资结算关系、有关单位之间发生劳务结算关系等。在销售阶段中，将生产的产品销售出去，发生支付销售费用、收回货款、缴纳税金等业务活动，并同购货发生货款结算关系。综上所述，资金的循环就是从货币资金开始依次转化为储备资金、生产资金、产品资金，最后又回到货币资金的过程，资金周而复始的循环称为资金的循环。资金的循环过程如图 1-1 所示。

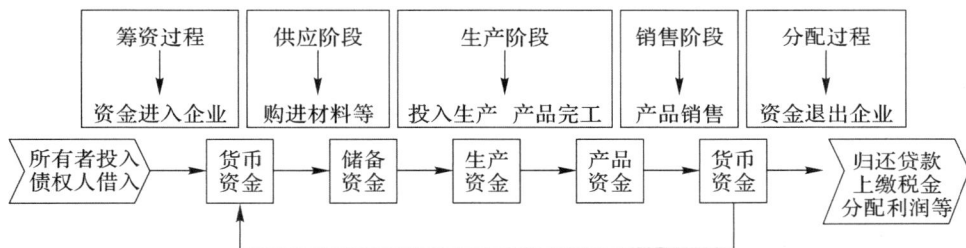

图 1-1　资金循环流程图

(三) 资金的退出

资金的退出包括偿还债务、上缴各项税金、向所有者分配利润等，即使得这部分资金离开本企业，退出企业的资金循环与周转。

上述资金运动的三个过程是相互支持、相互制约的统一体，没有资金的投入就没有资金的循环与周转，也就不会有债务的偿还、税金的上缴和利润的分配等；同样地，没有资金的退出，就不会有新一轮的资金投入，也就不会有企业的进步发展。

第四节　会计要素

会计对象是会计确认、计量和监督的内容，也就是经济主体的资金运动，那么，应如何利用会计的专业语言来确认、计量、记录和报告资金运动的具体内容？例如，企业购置了一批原材料用来生产电脑，应如何用会计语言来描述该会计对象？

为了使会计对象具体化，也就是使会计确认、计量、记录和报告的内容具体化，本书将引入会计要素这个重要的概念。

一、会计要素的定义

会计要素是根据交易或者事项的经济特征所确定的财务会计对象及其基本分类，是用于反映会计主体财务状况和经营成果的基本单位。根据反映的内容不同，会计要素分为反映企业财务状况的会计要素和反映企业经营成果的会计要素。其中，反映企业财务状况的会计要素包括资产、负债和所有者权益；反映企业经营成果的会计要素包括收入、费用和利润。这六大会计要素使得会计主体能够分门别类地确认、计量、记录和报告全部类型的经济业务。

二、会计要素的具体内容

(一) 资产

1. 资产的定义

资产是指由过去的交易或者事项形成的，由企业拥有或者控制的，预期会给企业带来经济利益的资源。

2. 资产的特征

资产具有如下特征：

(1) 资产由过去的交易或者事项形成。资产的形成发生在企业过去的交易或者事项当中，企业预期未来的交易或者事项获取的资源不会发生资产的形成。

(2) 资产必须为某一特定主体所拥有或者控制。拥有是指企业对某项资产拥有所有权；而控制则是指企业实质上已经掌握了某项资产的未来收益和风险，但是目前并不对其拥有所有权。前者泛指企业的各种财产、债权和其他权利；而后者则指企业只具有使用权而没有所有权的各项经济资源，如企业融资租入的固定资产等。

(3) 资产能为企业带来未来的经济利益。这是资产的本质所在。预期不会给企业带来经济利益的资源将不会形成资产，如已经报废的机器设备。

3. 资产的确认条件

将一项资源确认为资产，需要符合资产的定义，还应同时满足以下两个条件：

(1) 与该资源有关的经济利益很可能流入企业。

(2) 该资源的成本或者价值能够可靠地计量。

(二) 负债

1. 负债的定义

负债是指由过去的交易或事项形成的、预期会导致经济利益流出企业的现时义务。

2. 负债的特征

负债具有如下特征：

(1) 负债是由企业过去的交易或事项形成的。发生在未来的交易或者事项所形成的义务，不应当确认为负债，如企业计划在三个月后签订货物的买卖合同。

(2) 负债预期会导致经济利益流出企业。只有在履行义务时会导致经济利益流出企业的，才符合负债的定义。

(3) 负债是由企业承担的现时义务。企业预期将会发生的潜在义务不能确认为负债。例如，企业所参与的一项未决诉讼，在其结果充满不确定性难以估计时，不能将其作为一项负债。

3. 负债的确认条件

将一项现时义务确认为负债，需要符合负债的定义，还应同时满足以下两个条件：

(1) 与该义务有关的经济利益很可能流出企业。

(2) 未来流出的经济利益的金额能够可靠地计量。

(三) 所有者权益

1. 所有者权益的定义

所有者权益也称为股东权益，是指资产扣除负债后由所有者享有的剩余权益。它在数值上等于企业全部资产减去全部负债后的余额。

2. 所有者权益的确认条件

所有者权益的确认和计量主要依赖于资产和负债的确认和计量。

3. 所有者权益的构成

所有者权益的来源包括所有者投入的资本、直接计入所有者权益的利得或损失、留存收益等，通常由实收资本(或股本)、资本公积、其他综合收益、盈余公积和未分配利润构成。

(四) 收入

1. 收入的定义

收入是指企业在日常活动中形成的、会导致所有者权益增加的、与所有者投入资本无关的经济利益的总流入。

2. 收入的特征

收入具有以下特征：

(1) 收入从企业的日常活动中产生，而不是从偶发的交易或事项中产生。

(2) 收入可能表现为企业资产的增加，也可能表现为企业负债的减少，或者二者兼而有之。

(3) 收入最终能导致企业所有者权益的增加。

(4) 收入只包括本企业经济利益的流入，不包括为第三方或客户代收的款项。

(5) 收入是与所有者投入资本无关的经济利益的总流入。

3. 收入的确认条件

当企业与客户之间的合同同时满足下列条件时，企业应当在客户取得相关商品控制权时确认收入。

(1) 合同各方已批准该合同并承诺将履行各自义务。

(2) 该合同明确了合同各方与所转让的商品或提供的服务相关的权利和义务。

(3) 该合同有明确的与所转让的商品或提供的服务相关的支付条款。

(4) 该合同具有商业实质，即履行该合同将改变企业未来现金流量的风险、时间分布或金额。

(5) 企业因向客户转让商品或提供服务而有权取得的对价很可能收回。

(五) 费用

1. 费用的定义

费用是指企业在日常活动中发生的、会导致所有者权益减少的、与向所有者分配利润无关的经济利益的总流出。

2. 费用的特征

费用具有如下特征：

(1) 费用产生于过去的交易或事项。

(2) 费用可能表现为资产的减少，也可能表现为负债的增加，或者二者兼而有之。

(3) 费用是与所有者分配利润无关的经济利益的总流出。

(4) 费用能导致企业所有者权益的减少。

3. 费用的确认条件

费用的确认除了应当符合定义外，还至少应当符合以下条件：

(1) 与费用相关的经济利益应当很可能流出企业。

(2) 经济利益流出企业的结果会导致资产的减少或者负债的增加。

(3) 经济利益的流出额能够可靠计量。

(六) 利润

利润是指企业在一定会计期间的经营成果，包括收入减去费用后的净额、直接计入当期利润的利得和损失等。利润的实现，会相应地表现为资产的增加或负债的减少，其结果是所有者权益的增值。

第五节　会计等式

一、会计等式的含义

会计等式是指表明各会计要素之间基本关系的恒等式。会计对象可概括为资金运动，具体表现为会计要素，每发生一笔交易或者事项，都是资金运动的一个具体过程，每个资金运动过程都必然涉及相应的会计要素，从而使全部资金运动所涉及的会计要素之间存在一定的相互联系，会计要素之间的这种内在关系可以通过数学表达式予以描述，这种数学表达式就叫作会计等式。

二、会计等式的表现形式

(一) 资产＝负债＋所有者权益

企业要从事生产经营活动，一方面，必须拥有一定数量的资产，这些资产以各种不同的形态分布于企业生产经营活动的各个阶段，从而成为企业生产经营活动的基础；另一方面，这些资产要么来源于债权人，从而形成企业的负债，要么来源于投资者，从而形成企业的所有者权益。由此可见，资产、负债与所有者权益，实际上是同一价值运动的两个方面：一个是"来龙"，一个是"去脉"。因此，这两方面之间必然存在着恒等关系。也就是说，一定数额的资产必然对应着相同数额的负债与所有者权益，而一定数额的负债与所有者权益也必然对应着相同数额的资产。这一恒等关系用公式表示为

$$资产 = 负债 + 所有者权益$$

这一会计等式是最基本的会计等式，也称为静态会计等式、存量会计等式。它既表明了某一会计主体在某一特定时点拥有的各种资产，也表明了这些资产的归属关系。它是设置账户、复式记账以及编制资产负债表的理论依据，在会计核算体系中有着举足轻重的地位。

(二) 收入－费用＝利润

企业的目标是从生产经营活动中获取收入，从而实现盈利。企业在取得收入的同时，必然要发生相应的费用。将一定期间的收入与费用相比较，收入大于费用的差额为利润；反之，收入小于费用的差额则为亏损。因此，收入、费用和利润三个要素之间的关系可用公式表示为

$$收入 - 费用 = 利润$$

该等式反映了企业某一时期收入费用和利润的恒等关系，表明了企业在某一会计期间所取得的经营成果，是编制利润表的理论依据。

(三) 资产＋费用＝负债＋所有者权益＋收入

企业的生产经营成果必然影响所有者权益，即企业获得利润将使所有者权益增加，资产也会随之增加；企业发生亏损将使所有者权益减少，资产也会随之减少。因此，企业在生产经营活动产生收入、费用、利润后，基本会计等式就会演变为

$$资产 + 费用 = 负债 + 所有者权益 + 收入$$

三、交易或事项对会计等式的影响

会计等式受到企业发生的交易或事项的影响，可以分为九种基本类型：第一，交易或事项导致一项资产增加，另一项资产等额减少；第二，交易或事项导致一项资产增加，一项负债等额增加；第三，交易或事项导致一项资产增加，一项所有者权益等额增加；第四，

交易或事项导致一项资产减少，一项负债等额减少；第五，交易或事项导致一项资产减少，一项所有者权益等额减少；第六，交易或事项导致一项负债增加，另一项负债等额减少；第七，交易或事项导致一项负债增加，一项所有者权益等额减少；第八，交易或事项导致一项所有者权益增加，一项负债等额减少；第九，交易或事项导致一项所有者权益增加，另一项所有者权益等额减少。交易或事项对会计等式的影响见表1-2。

表 1-2　交易或事项对会计等式的影响

序号	资产	=	负债	+	所有者权益	举　例
1	一增一减					企业将现金存入银行
2	增		增			企业借入短期借款
3	增				增	企业收到由投资者投入的资金
4	减		减			企业以银行存款偿还以前所欠货款
5	减				减	企业以银行存款向投资者退回其投入的资本
6			一增一减			企业将已到期的应付票据因无力支付转作应付账款
7			增		减	企业股东大会批准向投资者宣告分配现金股利
8			减		增	经企业批准将已发行的公司债券转为实收资本
9					一增一减	经企业批准用资本公积转增实收资本

案例分析

本章开篇提到的新生刘同学经过本章的学习，对会计的六大要素有了新的认知，从而对以下交易事项受会计要素的增减影响进行了判断。

(1) 企业接受所有者投资 100 000 元。

刘同学答案：资产增加 100 000 元，所有者权益增加 100 000 元。

(2) 企业赊购一台设备，价值 30 000 元。

刘同学答案：资产减少 30 000 元，负债增加 30 000 元。

(3) 企业用银行存款购买一批材料，价值 5 000 元。

刘同学答案：资产增加 5 000 元，负债增加 5 000 元。

(4) 企业销售自己生产的商品，收入 3 000 元。

刘同学答案：资产增加 3 000 元，收入增加 3 000 元。

(5) 企业利用银行存款支付工资费用 120 000 元。

刘同学答案：负债增加 120 000 元，费用增加 120 000 元。

分析：

刘同学的判断是否正确？如有错误请帮助他进行改正。

实 训

◆ **实训目的**

考查会计要素的确认及会计要素的变动对会计等式的影响。

◆ **实训资料**

先锋公司是以生产销售电子产品为主营业务的公司,该公司 2020 年 9 月发生以下交易及事项。

(1) 从银行提取现金 5 万元。

(2) 从银行借入短期借款 300 万元,款项存入银行。

(3) 接受投资者投入资金 500 万元,款项存入银行。

(4) 以银行存款 200 万元偿还之前所欠 A 公司货款。

(5) 以银行存款 100 万元购入一台机器设备用于生产产品,该机器设备已投入使用。

(6) 从 B 公司购入一批原材料,该批原材料价值 50 万元,材料已入库,款项尚未支付。(不考虑其他条件)

(7) 公司决定减少注册资本 200 万元,以银行存款向投资者退回其投入的资本。

(8) 宣布向投资者分配利润 100 万元。

(9) 经公司批准将资本公积 150 万元转增为公司的实收资本。

◆ **实训要求**

根据"资产 = 负债 + 所有者权益"的会计等式,判断当上述交易和事项发生时有哪些会计要素发生变动,并分析这些会计要素的变动对该会计等式产生的影响。

第二章 会计科目和会计账户

案例导入

小周和小陶出资共同经营了一家先锋寿司店，但是他们两人都没有学过会计知识，也不知道如何记账。当月，该寿司店涉及的交易如下：

(1) 收到寿司的外卖订单，当外卖送达后将收到 200 元。

(2) 发出一份商品订单，订购价值 120 元的寿司米。

(3) 将寿司送达顾客后并收到 200 元现金。

(4) 收到所定的寿司米并支付 120 元现金。

(5) 用现金支付银行 800 元租金。

(6) 赊购 1 200 元的设备。

思考：

(1) 该寿司店的资产是否增值？当月是否盈利？

(2) 如果要记账，应该从哪里入手？

第一节 会 计 科 目

一、会计科目的概念

会计要素按照其性质分为资产、负债、所有者权益、收入、费用和利润，但是仅仅将会计核算对象划分为六大会计要素是不够的，因为每个会计要素所包含的内容过于概括和粗略，难以满足有关方面对会计信息的需求。例如，原材料和固定资产都属于资产，但它们的经济用途和周转方式各不相同；应付账款和长期借款都属于负债，但它们的形成原因和偿还期限各不相同；实收资本和盈余公积都属于所有者权益，但它们形成的原因和用途各不相同。会计信息使用者不仅要了解每一类会计要素的总括情况，还要了解其详细的构成内容。因此，有必要对会计要素进一步分类，这种分类的项目就是会计科目。

会计科目是账户的名称，指对会计要素进行分类核算的项目。例如，将资产要素进一步划分为库存现金、银行存款、应收账款、交易性金融资产、固定资产、无形资产等项目，就形成了资产类的会计科目。同理，将负债要素进一步划分为短期借款、应付账款、应付职工薪酬、应缴税费、长期借款等项目，就形成了负债类的会计科目。其他要素以此类推。

二、会计科目设置的原则

在企业日常工作过程中，会计科目主要是通过会计制度统一规定的，也可以由企业相关制度进行适当的补充完善。设置会计科目是设置账户、处理账务所必须遵循的制度，是正确组织会计核算的一个重要条件。因此，企业设置会计科目一般应遵循下列基本原则：

(一) 合法性原则

为了保证会计信息的可比性，各企业所设置的会计科目应当符合国家统一的规定，即企业应当按照《企业会计准则——应用指南》的规定设置会计科目。

(二) 相关性原则

会计科目的设置应为有关各方提供所需要的会计信息，满足对外报告和对内管理的要求。

(三) 实用性原则

企业的组织形式、所处行业、规模大小、经营内容及业务种类等不同，在会计科目的设置上也应有所区别。在合法性的基础上，企业应将统一性与灵活性相结合，根据自身生产经营活动的特点，设置符合其实际需要的会计科目。

(四) 稳定性原则

为了便于会计核算资料的综合汇总和不同时期的对比分析，会计科目的名称、核算内容应保持相对稳定，不宜频繁变更。

(五) 明晰性原则

为了准确无误地使用会计科目，会计科目的名称应当简明扼要、含义明确、通俗易懂、便于理解和使用。每个会计科目的核算内容也必须明确地加以界定，内涵要清楚，外延要明确，不能含糊不清。同时，会计科目的设置不宜过细，以免会计核算过于烦琐，但也不能设置过少，使会计核算指标不能满足管理的需要。

我国企业设置的会计科目是在《企业会计准则——应用指南》下予以规范的，各类企业都应该按照《企业会计准则——应用指南》中统一规定的会计科目名称及核算内容设置会计科目，进行会计核算。企业可以在不违反《企业会计准则——应用指南》有关规定的前提下，根据本单位的实际情况自行增设、分拆、合并会计科目。会计科目编号供企业填制会计凭证、登记会计账簿、查阅会计账目、采用会计软件系统时参考。

★思政小课堂

会计科目的设置需要遵循合法性、相关性、实用性、稳定性和明晰性原则。会计科目设置的各类原则同样也具有普世价值。党的十九届四中全会指出：推进全面依法治国，发挥法治在国家治理体系和治理能力现代化中的积极作用。国家主席习近平在会上指出：坚持全面依法治国，是中国特色社会主义国家制度和国家治理体系的显著优势。作为推进法治浪潮的中国公民，我们应当做到遵守法律、捍卫法制。在当今社会，法律依旧在不断健全完善，会计行业也紧跟法律的发展不断改进与完善相关规则和操作方法。如同会计科目的设置应当遵循合法性等原则，在法律法规和社会道德的约束和引领下，积极参与社会建设、实现人生价值也是当代国人应有的信仰。

三、会计科目的分类

为了正确设置和使用会计科目，应按一定标准对会计科目进行分类。会计科目的分类方法通常有以下两种：

(一) 按照反映的经济内容分类

会计科目按其反映的经济内容不同，一般可以分为资产类科目、负债类科目、共同类科目、所有者权益类科目、成本类科目和损益类科目六大类。损益类科目包括收入类科目和费用类科目。我国一般企业常用的会计科目如表 2-1 所示。

表 2-1　一般企业常用会计科目表

编　号	会计科目名称	编　号	会计科目名称
一、资产类			
1001	库存现金	1501	债权投资
1002	银行存款	1502	债权投资减值准备
1012	其他货币资金	1503	其他债权投资
1101	交易性金融资产	1511	长期股权投资
1121	应收票据	1512	长期股权投资减值准备
1122	应收账款	1521	投资性房地产
1123	预付账款	1531	长期应收款
1131	应收股利	1601	固定资产
1132	应收利息	1602	累计折旧
1221	其他应收款	1603	固定资产减值准备
1231	坏账准备	1604	在建工程
1401	材料采购	1605	工程物资
1402	在途物资	1606	固定资产清理
1403	原材料	1701	无形资产
1404	材料成本差异	1702	累计摊销
1405	库存商品	1703	无形资产减值准备
1406	发出商品	1711	商誉
1407	商品进销差价	1801	长期待摊费用
1408	委托加工物资	1811	递延所得税资产
1471	存货跌价准备	1901	待处理财产损溢

编 号	会计科目名称	编 号	会计科目名称
二、负债类			
2001	短期借款	2241	其他应付款
2201	应付票据	2501	长期借款
2202	应付账款	2502	应付债券
2203	预收账款	2701	长期应付款
2211	应付职工薪酬	2711	专项应付款
2221	应缴税费	2801	预计负债
2231	应付利息	2901	递延所得税负债
2232	应付股利		
三、共同类(略)			
四、所有者权益类			
4001	实收资本	4101	盈余公积
4002	资本公积	4103	本年利润
4003	其他综合收益	4104	利润分配
五、成本类			
5001	生产成本	5201	劳务成本
5101	制造费用	5301	研发支出
六、损益类			
6001	主营业务收入	6601	销售费用
6051	其他业务收入	6602	管理费用
6101	公允价值变动损益	6603	财务费用
6111	投资收益	6701	资产减值损失
6301	营业外收入	6711	营业外支出
6401	主营业务成本	6801	所得税费用
6402	其他业务成本	6901	以前年度损益调整
6403	税金及附加		

(二) 按照提供核算指标的详细程度分类

会计科目按其提供核算指标的详细程度不同，可以分为总分类科目和明细分类科目两大类。

总分类科目又称总账科目或一级科目，是指对会计对象的不同的内容，即会计要素进行总括分类的科目。它提供的是总括性的核算指标，是设置总分类账户的依据。总分类账户可以概括地体现各大会计要素增减变动情况，会计科目分为资产类、负债类、共同类(是指既有资产性质，又有负债性质，这样有共性的科目，包括清算资金往来、货币兑换、衍生工具、套期工具、被套期项目)、所有者权益类、成本类以及损益类六大类。表 2-1 所列的会计科目均为总分类科目。

明细分类科目是指对总分类科目进一步分类，提供详细核算的科目。它提供的是详细、具体的核算指标,是设置明细分类账户的依据。有时,在总分类科目下明细分类科目过多时,企业为了满足管理的需要,会增设二级科目,也称子目。例如,在"原材料"总分类科目下,可以按照材料类别设置"原材料及主要材料""辅助材料""生产设备"等二级科目,在"原材料及主要材料"二级科目下再按照材料品种、规格等设置若干级别的明细科目。按照提供核算指标的详细程度,会计科目的分类如表 2-2 所示。明细科目的名称及核算内容,企业可根据自身的需要自行设置。

表 2-2 会计科目按照提供核算指标的详细程度分类

总分类科目 (一级科目或总目)	明细分类科目	
	二级科目(子目)	明细科目(细目)
原材料	原材料及主要材料	圆钢
		生铁
	辅助材料	润滑剂
	生产设备	车床
		机床

第二节 会计账户及其基本结构

一、会计账户的含义

为了序时、连续、系统地对经济业务产生的会计要素的变动进行确认、计量、记录和报告,提供有效的会计信息,需要对会计六要素进行具体的细分,各会计主体必须设置会计账户。正确地分类会计科目、设置会计账户,可以将会计要素增减变动的情况分门别类地进行全面系统的反映和监督,进而高效地实行企业经济管理。

会计账户是指根据会计科目设置的、具有一定格式的、用于分类记录经济交易或事项所引起的会计要素增减变动情况及其结果的工具。由于会计科目只是对会计要素进行分类核算的项目,所以会计科目本身只是项目的名称,不能将发生的经济业务连续、系统地记录下来,因此还必须根据会计科目在账簿中开设账户。会计信息的使用者除了要概括性地了解企业的经济活动状况外,还需要更为细致地对每一会计科目的具体经济指标进行了解,而通过账户才能分门别类、连续、系统地记录各项会计要素的增减变化,系统地储存会计信息,为编制财务报表提供依据。

二、会计账户与会计科目的关系

会计账户与会计科目是既有相同点、又有不同点的两个不同概念。

二者的相同点主要表现在:第一,它们所反映的会计对象的具体内容是相同的,都体现了对会计要素具体内容的科学分类。会计科目是会计账户的名称;而会计账户是根据会计科目来设置的,是会计科目的具体运用。第二,它们反映的经济项目的性质相同。会计科目的性质决定了会计账户的性质，会计科目的分类方法也是会计账户的分类方法。总之，没有会计科目，会计账户就失去了设置的依据；没有会计账户，就无法发挥会计科目的作用。

二者的区别主要表现在：会计科目仅仅是会计账户的名称，没有具体的格式，它只能表明是会计要素的某一个项目，而不能用来记录经济业务的发生所引起该项目的增减变动；会计账户则具有一定的格式，可以记录经济业务的内容，提供会计要素增减变动及其结果的数据资料。

由于会计账户是根据会计科目设置的，二者的性质、内容、分类完全一致，所以在实际工作中，对会计科目和会计账户一般不严格区分，而是作为同义词，相互通用。

三、会计账户的基本结构

经济业务的发生引起会计要素的变动，从数量上看不外乎增加和减少两种情况。因此，会计账户的格式设计也相应地被划分为两个基本部分，以便分别记录会计要素的增加额和减少额，即会计账户的一方记增加，另一方记减少。在会计教学中，为了便于说明问题，会计账户的基本结构通常用"T"形账户表示，如图2-1所示。

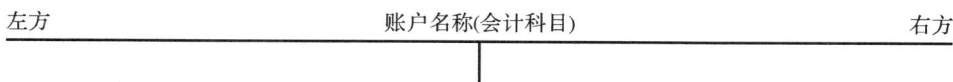

左方　　　　　　　　　账户名称(会计科目)　　　　　　　　　右方

图 2-1　　"T"形账户

从图 2-1 可以看出，账户的基本格式在借贷记账方法下分为借贷两方，分别用来记录会计要素的增加额和减少额。至于哪一方记增加，哪一方记减少，则取决于账户的性质和类别。由于会计是分期核算的，账户会出现余额，余额按其隶属的期间不同，可分为期初余额和期末余额，因此，通过账户的记录，可以提供在某一期间某一核算项目的期初余额、本期增加额、本期减少额和期末余额四项会计核算指标。

(1) 期初余额，是指上期的期末余额。

(2) 本期增加额，是指本期金额增加的合计数。

(3) 本期减少额，是指本期金额减少的合计数。

(4) 期末余额，是指期末金额的结存数。

本期的期末余额就是下期的期初余额。上述四项会计核算指标之间的关系为

本期期初余额 + 本期增加额 − 本期减少额 = 本期期末余额

"T"形账户只是为了教学的需要而采用的简化形式。在实际工作中，账户要依附于账簿来开设，每一个账户只表现为账簿中的账页。账户的结构一般包括下列内容：账户的名称，即会计科目；日期和摘要，即记载经济业务发生的日期和概括说明经济业务的内容；本期增加额、本期减少额和余额；凭证号数，即标明记账的依据。在会计实务中，账户的一般格式如图2-2所示。

年		凭 证 号 数		摘　要	借　方	贷　方	借或贷	余　额
月	日	种类	号数					

图 2-2　账户的一般格式

案例分析

小王刚从某财经大学会计系毕业，就被聘任为启明公司的会计员。上班第一天，会计科里的同事们忙得不可开交，他一问才知道，大家正忙着月末结账。"我能做些什么？"会计科长看他那急于投入工作的表情，也想检验一下他的工作能力，问道："试算平衡表的编制方法在学校学过吧？""学过。"小王很自然地回答。"那你先编一下我们公司这个月的试算平衡表"。不到一个小时，一张"总分类账户发生额及余额试算平衡表"就完整地编制出来了，小王兴冲冲地向科长交差。

"昨天车间领材料的单据还没记到账上去呢，这也是这个月的业务啊！"会计员小陈说道。还没等小王缓过神来，会计员小李手里又拿着一些会计凭证凑了过来，对科长说："这笔账我核对过了，应当记入'原材料'和'生产成本'的是10 000元，而不是9 000元。已经入账的那部分数字还得改一下。"

"试算平衡表不是已经平衡了吗？怎么还有错账呢？"小王不解地问。科长看他满脸疑惑的神情，耐心地开导说："平衡表也不是万能的，比如在账户中把有些业务漏记了，借贷金额记账方向彼此颠倒了，还有记账方向正确但记错账户了，这些都不会影响试算表的平衡。像小张才发现的把两个账户的金额同时记多了或记少了，也不会影响试算表的平衡。"

小王边听边点头，心里想：这些内容老师在上"基础会计"课程的时候也讲过，以后在实践中还得好好琢磨。经过一番调整，一张真实反映公司本月经济业务的试算平衡表在小王手里诞生了。

分析：
试算平衡表的作用。

实   训

◆ **实训目的**
掌握会计科目的分类。

◆ **实训资料**
以下是不同会计科目(见表2-3)。

表2-3   不同会计科目

会计科目	资产类	负债类	所有者权益类	成本类	损益类
库存现金					
应付职工薪酬					
投资性房地产					
应收票据					
制造费用					
投资收益					

会计科目	资产类	负债类	所有者权益类	成本类	损益类
制造费用					
银行存款					
累计摊销					
固定资产减值准备					
资本公积					
长期借款					
商誉					
主营业务收入					
管理费用					
预付账款					

◆ **实训要求**

判断表 2-3 中"会计科目"列的项目属于哪一类会计科目，并在对应的格子内打"√"。

第三章 财务会计的基本理论与方法

案例导入

某主营仓储租赁业务的 A 公司，提供货物保管和场地租赁等服务。某会计师事务所接受委托组织年审，审计人员在查阅 A 公司与客户签订的仓储合同时发现，A 公司的固定客户较多，但合同履行期限很少，有超过一个会计年度的。A 公司财务人员解释说，公司与客户签订合同通常是一年一签。从仓储租赁业的惯例分析，长期客户为了避免仓储企业收费上涨，根据自身业务发展需要，通常要求与仓储企业签订期限较长的合同；仓储企业为了稳定客源，也会选择信用好、知名度高的客户签订长期合同。A 公司的长期客户 B 公司正巧是审计人员所在会计师事务所的客户，审计人员通过其他审计组的工作人员查询 A 公司和 B 公司之间的仓储合同，发现合同期限是五年，且费用标准也不同，最终才知道竟然存在两个版本的阴阳合同。原来 A 公司与客户签订五年期的仓储合同(阴合同)后，又要求对方逐年签订一次合同(阳合同)，但合同金额和履行期限不填，阳合同也不交给客户。如果预计当年营业收入等业绩考核指标能够完成，就要求客户少交部分仓储费，通过人为操纵的会计分期来实现业绩考核目标。

思考：

结合本章所学知识，A 公司违反了哪一会计基本假设？

第一节 会计的基本假设

会计的账务处理面对的是变化不定的社会经济环境，会计人员必须对所处的环境做出判断，规定一系列基本的假设条件，才能使会计确认、计量正常进行，才能据此选择并确定会计处理方法。因此，会计确认、计量的假设条件是组织确认、计量工作应当具备的假设条件，是企业进行会计确认、计量和报告的基本假设，也称会计假设，是人们在长期的会计实践中逐步认识和总结形成的，主要内容如下：

一、会计主体假设

会计主体是指会计信息所反映的单位，一个会计主体是编制财务会计报告的任何单位或组织。企业作为一个会计主体，应当对其本身发生的交易或事项进行会计确认、计量和报告，并且独立地确认、计量企业本身各项生产经营活动，而不能确认计量企业投资者或者其他经济主体的经济活动。

会计主体可以是股份有限公司；可以是一个合伙企业或独资企业；可以是一个企业的某一特定部分，如分公司、内部部门、销售区域、零售点等；可以是联营公司或具有经济业务特点的非营利组织，如学校、机关团体、科研和医疗机构等。会计主体假设是明确会计人员站在谁的立场上，以多大空间范围的经济活动作为自己确认计量的内容。因为会计所反映的生产活动过程是由若干具体的经济活动构成的，各经济活动之间又互相联系构成了一个纵横交错的整体。在这种情况下，就必须划分确认计量和监督的范围。没有"空间"范围的限定，确认计量工作就无法进行。

因此，会计主体假设成为确认、计量的假设条件。会计主体假设规定确认、计量应当以会计主体发生的各项经济业务为对象，记录和反映会计主体本身的各项生产经营活动。会计工作只能确认、计量和监督某个特定的会计主体的财务状况、经营或经济效益，既不应当同任何别的会计主体相混淆，也必须同会计主体的所有者在经济上划分清楚。

二、持续经营假设

持续经营假设是指会计主体能够无限期地存在下去，其经济活动无休止地运行，确认、计量应当以企业持续、正常的生产经营活动为假设。只有这样，会计业务处理才能按账面价值合理进行计算，企业现有的资产才能按原定用途使用，债权债务才能按照承诺的条件得到合理清偿，企业发生的有关预付待摊或预提待付等项费用才能在受益期间进行合理分配，以保证财务成果的真实合理。

提出持续经营假设是因为在商品经济条件下，企业之间必然存在竞争，优胜劣汰。一个企业在经营过程中很难预测到底能够经营多久，企业间的激烈竞争和社会需求的日益变化常常使企业的主观愿望和实际情况相矛盾。在这种不确定的情况下，在会计实践中只能作一种假设，即企业在可以预见的将来是能够继续存在并完成其现有的各项目标的。

在这一假设下，才能确定确认、计量和监督的程序和方法，建立确认、计量的原则要求。例如，价值补偿和资本保全原则、权责发生制原则等等。企业经营一旦终止或破产清算，就必须改变确认、计量原则和会计业务处理方法。持续经营假设与会计主体假设有密切的关系，它是在会计主体假设之后提出的，为会计的正常活动规定了时间范围。

三、会计分期假设

会计期间是指在会计工作中，为确认、计量经营活动或预算执行情况所规定的起讫期间。会计期间主要是确定会计年度，会计年度也是财政年度、预算年度。

会计分期假设是持续经营假设的补充。企业应当划分会计期间、分期结算账目和编制财务会计报告。《中华人民共和国会计法》规定：会计年度自公历1月1日起至12月31日止。会计年度根据国家的不同情况而定，可以采用历年制，即日历年制，从每年1月1日至12月31日为一个会计年度；也可以不采用历年制，而采用7月制，即从每年7月1日起至下年6月30日为一个会计年度；还有采用4月制的，即从每年4月1日起至下年3月31日为一个会计年度。会计年度确定之后，一般还要确定会计月度和季度。

会计分期假设是将会计主体的持续不断的经济活动人为地划分为若干阶段,按划分的阶段核算和监督经营活动和财务成果,分期结算账目和编制会计报表。因为会计主体的经济活动是无休止地运行的,不可能等到经济活动全部终止再进行确认、计量、记录和报告,这就要将会计确认、计量和监督的开始时间和截止时间做一个会计基本假设。有了这个假设,才能对某些会计业务的处理做出一些具体规定,如收入的实现、费用的分配、财产的估计以及待摊、预提等,才能产生一系列会计准则和确认、计量的程序和方法。按照会计惯例,会计期间通常以年为度量单位。

四、货币计量假设

货币计量是指会计应以货币为计量单位。因为会计工作是对会计主体的经济活动进行确认、计量和监督,而会计主体的经济活动内容十分复杂,各种劳动占用和劳动耗费的性质、形态不同,实物衡量单位不同,无法统一计量和记录,必须借助于货币。在商品经济条件下,货币充当一般等价物,只有将货币作为基本计量单位,才能计量一切经济活动,比较劳动耗费与劳动所得,确认、计量劳动成果。我国《企业会计准则》中规定,确认、计量以人民币为记账本位币。业务收支以外币计价的企业,也可以选定某种外币作为记账本位币,但编制的会计报表应当折算为人民币。境外企业向国内有关部门编制会计报表,也应当折算为人民币计算。

货币作为一种特殊商品,其自身价值也在不断变化。而确认、计量很难根据货币自身的变化及时调整做出反应,这就自然而然地提出了假设币值稳定不变的确认、计量假设。因此,在确认、计量和会计报表体系中不考虑币值变化的因素,对会计主体中的固定资产、产品成本和经营成果进行计价和计量,以保持会计数据的连续性和有效性,这就产生了历史成本会计模式。

第二节　会计确认计量的基础

会计确认基础理论决定了会计核算主体何时将本单位具体的经济业务记录为何种要素,从而准确、有效、及时地将信息提供给信息使用者这一基本目标。

目前在各国财务会计实务中,营利性企业会计核算以权责发生制为确认基础,行政事业单位会计核算以收付实现制为确认基础。

一、权责发生制

根据《企业会计准则——基本准则》的规定,企业应当以权责发生制为基础进行会计确认、计量和报告。

权责发生制又称应计制或应收应付制,它是以收付应归属期间为标准,确定本期收入和费用的处理方法。即凡是属于本期应获得的收入,不管款项是否已收到,都应作为本期收入处理;凡不应属于本期的收入,即使其款项已经收到并入账,也不应作为本期的收入处理。同样，凡属本期应当负担的费用，不论款项是否已经付出，都应作为本期的费用处理；凡不应归属本期的费用，即使其款项已经付出并入账，也不应作为本期的费用处理。

二、收付实现制

收付实现制又称现金制或实收实付制，是以现金收到或付出为标准来记录收入的实现和费用的发生。按照收付实现制，收入和费用的归属期间将与现金收支行为的发生与否紧密地联系在一起。换言之，现金收支行为在其发生的期间全部记作收入和费用，而不考虑与现金收支行为相连的经济业务实质上是否发生。在现金收付基础上，会计在处理经济业务时不考虑预收收入、预付费用、应计收入和应计费用的问题，会计期末也不需要进行账项调整，因为实际收到的款项和付出的款项均已登记入账，所以可以根据账簿记录来直接确定本期的收入和费用，并加以对比以确定本期盈亏。

不论是权责发生制还是收付实现制，都是以企业持续经营和会计期间两个会计假设为基础形成的。对于一个持续经营的会计主体来说，既然要分期进行经营活动和经营成果的计量和总结，就理应选择权责发生制。《企业会计准则》指出：确认计量应当以权责发生制为基础，这样才能使损益表中的各项收入都是属于本期已经获得的收益(不管收入时间如何)，各项费用也都是属于本期已经发生的费用(不管现金支付的时间如何)，从而正确计算企业的财务成果。权责发生制的原则是按照权利和责任的发生来处理经济业务，这样在会计处理上也相应地需要采取预提、待摊的方法，如预提应付未付的费用，预计应收未收的收入，把本期虽已发生但不能全归本期负担的费用递延到下期等。

第三节　会计信息质量要求

由于会计信息代表的是一定的经济利益关系，并且会计信息因公开披露，还会直接或间接地造成一些影响，因此，涉及会计信息利益的各方为了自身的经济利益必然会对会计信息质量提出一系列的要求。会计信息质量要求主要包括以下几个方面。

一、可靠性

可靠性是指确认、计量应当以实际发生的经济业务为依据，如实反映财务状况和经营成果，做到内容真实、数字准确、项目完整、资料可靠。它是对确认、计量工作和会计信息的最基本的质量要求。会计是一项综合性的工作，任何以货币计量的经济活动都要反映到确认、计量中来。企业确认、计量是整个国民经济确认、计量的基础。

从宏观上讲，国家利用企业报表进行分析、汇总，从而对整个国民经济做出正确判断，并进行经济决策，它要求会计提供真实可靠的信息；从微观上讲，企业会计必须为外部信息使用者和内部经营管理服务，错误的信息必然导致经营决策的失误。因此，确认、计量最基础的要求是会计信息的真实可靠，从原始凭证到报表，整个确认、计量过程都要做到客观、可靠、准确和内容完整。

客观是指确认、计量要以经济业务的客观实际为依据，不受主观意识或感情的支配，客观公正、不偏不倚，如实反映已经发生的过去事项或预计将会发生的未来事项。可靠是指确认、计量必须按规定的程序和方法进行。对同一项经济业务由不同的会计人员根据相同的原始资料和证据，按相同的会计程序和方法计量，应得出相同或相似的结果，具有可检验性。准确是指确认、计量提供的信息必须准确无误。准确是建立在客观基础上的，因为实际工作中有许多经济现象往往带有不确定性或数量上难以明确划分，如间接费用分配、固定资产磨损价值的确定等。这只能借助于理论上认为合理的分配方法，使会计资料处理带有一定准确性。

二、相关性

相关性是指确认、计量提供的信息必须与会计信息使用相关联，满足与企业有关的多方面的需要。

一方面，会计信息应当满足有关各方了解企业财务状况和经营成果的需要，与同企业有利害关系的各个方面的信息需要相关联；另一方面，会计信息应当满足企业加强内部经营管理的需要，与企业内部经营管理的需要相关联。

信息使用者在进行经营决策、理财、投资、信贷或其他类似决策中，利用会计提供的信息对备选方案进行分析、判断，找出差异，通过比较评价，从中选出最佳方案。这种相关性的着重点是放在对规范性或描述性决策模式有用的会计信息上的，因此又称为决策相关性。还有一种信息使用者是通过分析、评价财务报表，以了解企业经营目标的完成效果，这称为目标相关性。可以看出，具有相关性的信息，既包括未来行动的预测，也包括过去行动的记录。

为了使企业提供的会计信息对信息使用者有用，确认、计量的整个过程必须与信息需要相关联。企业在选择确认、计量程序和方法时必须考虑经营的特点和管理的需要，设置账簿时要考虑有利于信息的输出和不同信息使用者的需要。

三、可理解性

可理解性是指企业提供的会计信息应当清晰明了，便于财务会计报告使用者理解和利用。这就要求会计记录清晰，填制凭证、登记账簿、编制会计报告时数字准确、项目齐全、钩稽关系清楚。

会计信息可理解性作为会计信息基本特征之一，这一问题从会计产生之初就始终存在。具体来说，企业提供会计信息时，必须考虑到会计信息使用者的理解能力，所提供的会计信息必须保持明晰性，符合会计信息使用者的理解能力和使用者的决策类型(包括个人偏好、对待风险的态度以及所采纳的决策模型)。

四、可比性

可比性是指企业提供的会计信息应当相互可比。同一企业不同时期发生的相同或者相似的交易或者事项，应当采用一致的会计政策，不得随意变更。确需变更的，应当在附注中说明。不同企业发生的相同或者相似的交易或者事项，应当采用规定的会计政策，确保会计信息口径一致、相互可比。

这是因为在社会主义市场经济体制下，会计信息既要横向比较，又要纵向比较。其中，横向比较是指不同企业在同一时间的比较，强调的是各企业口径一致、相互可比，如甲公司、乙公司、丙公司将当年 12 月份的利润进行相互比较来确定以后的经营决策等。纵向可比，是指同一个企业在不同时期的比较，如甲公司把当年 12 月份的利润与当年其他月份的利润相比较。

五、实质重于形式

实质重于形式是指企业应当按照交易或者事项的经济实质进行会计确认、计量和报告，不应仅以交易或者事项的法律形式为依据。这条会计信息质量要求可以理解为当法律形式不能准确表达交易或事项的经济实质的时候，应超越法律形式，按照交易或事项的经济实质进行确认、计量。以融资租赁的形式租入的固定资产，虽然从法律形式来讲，企业并不拥有其所有权，但是由于租赁合同中规定的租赁期相当长，接近于该资产的使用寿命，租赁期结束时承租企业有优先购买的选择权，在租赁期内承租企业有权支配资产并从中受益。从实质上看，企业控制了该项资产的使用权及收益权。所以在会计核算上，将融资租赁的固定资产视为企业的资产。如果企业的会计核算仅仅按照交易或事项的法律形式或人为形式进行，而这些形式又没有反映其经济实质和经济现实，那么，其最终结果将不仅不会有利于会计信息使用者的决策，反而会误导会计信息使用者的决策。

六、重要性

重要性是指企业提供的会计信息应当反映与企业财务状况、经营成果和现金流量等有关的所有重要交易或者事项。此外，在财务报告全面反映企业的财务状况和经营成果的假设下，对于重要的经济业务，应当单独反映。例如，提取坏账准备金作为应收账款的减项，存货变现损失准备作为存货的减项，应在资产负债表中单项列示。另外，对一些需要单独解释说明的，应加脚注或附注。这样做的目的是突出重点，便于信息使用者的使用，并增强会计信息的可读性和可用性。需要指出的是，重要性的标准并不是主观随意的，而是根据会计信息产生效益与提供会计信息成本的比值及信息对于信息使用者的有用程度或决策的重要程度决定的。

七、谨慎性

谨慎性是指确认、计量对尚未取得的收益，不得估计入账；对可能发生的费用、损失要合理确认、计量并按国家规定估计入账，但不得虚列支出、隐匿收入。在该原则下，对资产的估计和收益的确定，宁可估低而不可估高；对于费用和损失，宁可估高而不可估低；对于或有损失和或有负债，宁可信其有而不可信其无。之所以采用谨慎性原则，是由于会计事务中有不确定的因素。任何经济事项总是面对未来的，而未来总带有一定的不确定性，尤其当经济政策所面对的外部环境十分复杂时，决策事项更具有一定的弹性。在这种情况下，对不确定事项采取谨慎的态度，充分估计可能承担的风险和损失，尽量少估或不估可能产生的收益，尽可能提高应对复杂变化的能力，把风险损失最大限度地缩小到最低范围内。所以，按照该原则的要求，当某一会计业务有几种处理方案可供选择时，要尽量多考虑一些风险，使选用的方案对投资者所产生的乐观程度最小。为了使会计报表不至于引起不切实际的乐观，必须在会计事务中确认一切可能产生的损失，不计一切可能获得的收益，以避免企业出现虚增资产和虚盈实亏的现象。

八、及时性

及时性是指确认、计量工作要讲求时效，会计业务处理要及时进行，不得拖延和积压，以便会计信息的及时利用。由于会计信息的使用价值是有时间性的，所以及时性原则要求当经济业务发生或完成时，能够及时收集会计信息，立刻取得或填制原始凭证；要求及时对会计信息加工处理，使其成为可以利用的资料，即根据记账凭证及时编制财务报告；要求及时传递会计信息，以确保信息的时效性。

第四节 会计的基本方法

会计方法是指会计对企业已经发生的经济活动进行连续、系统、全面反映和监督所采用的方法。其基本方法有以下几种。

一、成本计算

成本计算是按照一定对象归集和分配生产经营过程中发生的各种费用，以便确定各核算对象的总成本和单位成本的一种专门方法。产品成本是综合反映企业生产经营活动的一项重要指标。正确地进行成本计算，是确定企业盈亏和制订产品价格的基础，同时可以考核生产经营过程中的费用支出水平，为企业的经营决策提供重要数据。

二、财产清查

财产清查是指通过盘点实物核对账目，以查明各项财产物资实有数额的一种专门方法。通过财产清查，可以提高会计记录的正确性，保证账实相符；还可以查明各项财产物资的保管、使用情况以及各种结算款项的执行情况，以便对积压或损毁的物资和逾期未收到的款项及时采取措施。

三、编制会计报表

编制会计报表是以特定表格的形式，定期并总括地反映企业、行政事业单位的经济活动情况和结果的一种专门方法。会计报表主要以账簿中的记录为依据，经过一定形式的加工整理而产生一套完整的确认、计量指标，是用来考核、分析财务计划、预算执行情况以及编制下期财务和预算的重要依据。

四、设置账户

设置账户是对确认、计量的具体内容进行分类确认、计量和监督的一种专门方法。由于会计对象的具体内容是复杂多样的，要对其进行系统确认、计量和经常性监督，就必须对经济业务进行科学分类，以便分门别类地、连续地记录，据以取得多种不同性质、符合经营管理所需要的信息和指标。

五、复式记账

复式记账是指对所发生的每项经济业务，以相等的金额，同时在两个或两个以上相互联系的账户中进行登记的一种记账方法。采用复式记账方法，可以全面反映每一笔经济业务的来龙去脉，而且可以防止差错和便于检查账簿记录的正确性和完整性，是一种比较科学的记账方法。

六、填制和审核凭证

会计凭证是记录经济业务、明确经济责任、作为记账依据的书面证明。正确填制和审核会计凭证，是确认、计量和监督经济活动财务收支的基础，是做好会计工作的假设。

七、登记会计账簿

登记会计账簿简称记账，是以审核无误的会计凭证为依据在账簿中分类，连续地、完整地记录各项经济业务，以便为经济管理提供完整、系统的确认、计量资料。账簿记录是重要的会计资料，是进行会计分析、会计检查的重要依据。

案例分析

某市东方股份有限公司系合资企业，生产的产品既在国内销售，又往国外销售。随着业务量的不断拓展，外销业务不断扩大，到2019年10月，外销业务已占整体业务的80%以上，而且主要集中在美国等美洲国家。企业财务部门考虑收入业务主要是美国等美元区国家，而且每天按外汇牌价折算人民币也非常烦琐，于是向公司董事会提出会计核算由人民币为记账本位币改为以美元为记账本位币。

分析：
该企业为什么将记账本位币由人民币改为美元？

提示： 会计核算需选择货币作为会计核算的计量单位，用货币形式来反映企业的生产经营活动的全过程，从而全面反映企业的财务状况和经营成果。

人民币是我国的法定货币，在我国境内具有广泛的流通性，因此，《会计法》和《企业会计准则》均规定"会计核算以人民币为记账本位币"。同时对于外币业务较多的企业，《会计法》和《企业会计准则》也规定"业务收支以人民币以外的货币为主的单位，可以选定其中一种货币作为记账本位币，但是编报的财务会计报告应当折算为人民币。"

东方股份有限公司生产的产品主要销往美国等地，货币收支主要以美元为主，因此可以选择美元为记账本位币。

注意： 记账本位币一经确定，不得随意变动，同时年末编制财务会计报告时应当按照一定的外汇汇率折算为人民币。

实　训

◆ **实训目的**

加深对财务会计基本理论的理解。

◆ **实训资料**

先锋公司是由小王、小周合伙创建的，最近发生了下列经济业务，并由会计做了相应的处理。

(1) 4 月 10 日，小王从公司出纳处拿了 990 元现金给自己的孩子购买玩具，会计将 990 元记为公司的办公费支出，理由是：小王是公司创始人，公司的钱也有小王的一部分。

(2) 4 月 14 日，会计将 4 月 1 日至 4 月 15 日的收入、费用汇总后计算出半个月的利润，并编制了财务报表。

(3) 4 月 20 日，公司收到某外资企业支付的材料费 2 000 美元，会计没有将其折算为人民币反映，而是直接记到美元账户中。

(4) 4 月 30 日，采用年数总和法计提固定资产折旧，而本月前计提固定资产折旧均采用直线法。

(5) 4 月 30 日，公司购买了一台电脑，价值 18 000 元，为了少记利润、少缴税，将 18 000 元一次性全部记入当期管理费用。

(6) 4 月 30 日，收到 M 公司的预付材料费 33 000 元，会计将其作为 4 月份的收入处理。

◆ **实训要求**

根据上述资料分析先锋公司的会计在处理这些经济业务时是否正确。若有错误，主要违背了哪些会计假设？

第四章 复式记账

案例导入

小李是一家科技公司的员工，平时他有记账的习惯，以下是他某一天的日常生活开支：

(1) 吃午饭花费现金30元；

(2) 用"微信钱包"给信用卡还款600元；

(3) 用银行卡存款80元购买生活用品。

思考：

(1) 以上每笔交易的钱从哪里来？钱又去了哪里？

(2) 如果你是小李，你会如何做好这一天的记账？

第一节 复式记账的原理

一、记账方法概述

在会计工作中，会计主体应采用一定的记账方法，以便于有效地反映和监督会计对象。所谓记账方法，是指按照一定的原理和规则，使用一定的符号，在账户中登记各项交易或事项的技术方法。记账方法按其记账方式的不同，可分为单式记账法和复式记账法。目前通用的是复式记账法。

(一) 单式记账法

单式记账法是一种比较古老、简单的记账方法。这种方法的主要特点是：对于每项交易或事项，通常只登记现金和银行存款的收付业务，以及应收款、应付款的结算业务，而不登记实物的收付业务；除了有关应收款、应付款的现金收付业务需要在两个或两个以上账户中各自进行登记外，其他业务只在一个账户中登记或不予登记。例如，企业以现金400元支付差旅费。对于这项交易或事项，在单式记账法下，就只需在有关的现金账户中做减少400元的登记，至于费用的发生情况则不予登记。又如，企业从某单位购入一批价款1 200元的材料，货已收到，款尚未支付。对于这项交易或事项，采用单式记账法，就只需在结算债务账户中做增加1 200元的登记，而材料的增加则不予登记。

在单式记账法下，对支付费用以及采用付现或赊购方式购买实物性资产的交易或事项，只确认、计量现金的减少或债务的增加，而对费用的发生或实物性资产的取得，一般不设置账户确认、计量。对于有关应收款、应付款的现金收付业务，虽然在记现金账的同时也记往来账，但现金账与往来账是各记各的，彼此没有直接的联系。

采用单式记账法，记账手续比较简单，但不能全面地、系统地反映交易或事项的全貌。由于其账户的设置是不完整的，各个账户之间又互不联系，因此无法全面反映各项交易或事项的来龙去脉，也不能正确确认、计量成本和盈亏，更不便于检查账户记录的正确性。因此，这种记账方法只适用于交易或事项非常简单的单位，目前已很少采用。

(二) 复式记账法

复式记账法，是从单式记账法发展起来的一种比较完善的记账方法。复式记账法是指对任何一项交易或事项，都必须用相等的金额在两个或两个以上的有关账户中相互联系地进行登记，以反映会计对象具体内容增减变化的一种记账方法。例如，前面提到的，企业以现金 400 元支付差旅费。采用复式记账法，这项交易或事项不仅要在有关"库存现金"账户中做减少 400 元的登记，还要在有关"费用"账户中做增加 400 元的记录。这样登记的结果表明，企业现金的付出同费用的发生两者之间是相互联系的。又如，企业从某单位购入一批材料，价款 1 200 元，货已收到，款尚未支付。采用复式记账法，这项交易或事项不仅要在结算债务账户中做增加 1 200 元的登记，还要在有关的材料账户中做增加 1 200 元的记录。这样登记的结果，就使得债务的发生同材料的购进两者之间的关系一目了然了。

由此可见，复式记账法的主要特征是：需要设置一套完整的账户体系，除了"库存现金""银行存款"账户外，还要设置实物性资产以及收入、费用和各种权益类账户；不仅要记录货币资金的收付和债权债务的发生，而且要对所有财产和全部权益的增减变化，以及经营过程中发生的费用和获得的收入做全面、系统地反映；每项交易或事项都必须在两个或两个以上的账户中以相等的金额记录，以便反映交易或事项的来龙去脉；定期汇总所有的账户数据，进行试算平衡，便于检查账户记录的完整性和正确性。

★思政小课堂

复式记账思想古已有之，复式记账法在唐宋时期开始萌芽，至明清时期繁荣发展，经历了从三角账到龙门账、四角账的发展过程。

※三角账

三角账又称跛行账，是我国复式记账思想的萌芽，作为不完全复式记账的最初形式，三角账应用的重点在流水账上，即只注重债权债务的复式记账。

※龙门账

龙门账是从唐朝"四柱清册"的思想发展而来的，龙门账把经济活动分为"进""缴""存""该"四类。这四个大的账户分类，已经基本涵盖了当时所有的经济活动。在账簿体系的设置上，龙门账是由原始账、序时账、分类账和会计报告等要素组成的完整的会计循环过程。

※四角账

四角账是在龙门账的基础上发展而来的，之所以被称为"四角"，是相对于三角账而言的，它突破了三角账在现金收付业务的处理上省略现金科目的做法，即与三角账相比，增添了"一角"——现金科目的反映。四角账对所有交易或事项均实行"有来必有去，来去必相等"的原则来记载，这与现代的复式记账原理的"有借必有贷，借贷必相等"已完全一样。

以上这些理论方法对于现代的复式记账法起到了至关重要的作用，前人正是在现有理论方法的基础上，不断优化、创新，才发明了适用于新时代、新文明的科学理论。

当前，时代正经历着深刻的变革，呼唤着理论的创新，这对于科学工作者来说，既是机遇也是挑战。十八大以来，中国共产党直面新常态、顺应新常态、引领新常态，实践在创新、制度在创新，理论在创新。我们应着眼于马克思主义理论的运用，着眼于对实际问题的理论思考，着眼于新的实践和新的发展，顺势而为，将个人的学术追求融汇到发展和完善中国特色社会主义事业之中，将个人的学术追求同国家和民族的发展紧紧地联系在一起，努力"成为先进思想的倡导者、学术研究的开拓者、社会风尚的引领者、党执政的坚定支持者"，为丰富和发展中国特色社会主义理论体系做出应有的贡献，在为祖国、为人民立德立言中成就自我、实现价值。

二、复式记账的理论依据和基本原则

(一) 复式记账的理论依据

前面提到，会计的对象是资金运动，而企业经营过程中发生的每一项交易或事项，都是资金运动的具体过程。只有把企业的所有交易或事项无一遗漏地进行确认、计量，才能完整地反映企业的全部资金运动，为信息使用者提供其所需要的全部资料。

企业发生的所有交易或事项无非涉及资金的增加和减少两个方面，并且某项资金的增加或减少，必定伴随着另一项资金的增加或减少。换言之，在资金运动过程中，任何一项资金都不可能无缘无故地增加，也不可能无缘无故地减少，即一部分资金的减少或增加，总是有另一部分资金的增加或减少作为其变动的原因的。复式记账法恰恰适应了资金运动的内在规律，能够记录每项交易或事项所涉及的资金增减变化的原因和结果，能够全面地、系统地反映资金增减变动的来龙去脉及经营成果。可见，资金运动的内在规律性是复式记账的理论依据。

(二) 复式记账的基本原则

采用复式记账法，必须遵循以下几项原则：
(1) 以会计等式作为记账基础。
会计等式是揭示会计要素之间内在联系的数学表达式。它是客观存在的必然经济现象，同时也是资金运动规律的具体化。为了揭示资金运动的内在规律性，复式记账必须以会计等式作为其记账基础。
(2) 每项交易或事项必须在两个或两个以上相互联系的账户中以相等的金额记录。
企业发生的所有交易或事项都会引起资金的增减变动，而这种变动必然导致会计等式中至少有两个要素或同一要素中至少两个项目发生等额变动。为反映这种变动关系，会计上就必须在两个或两个以上账户中进行等额双重记录。

(3) 必须按交易或事项对会计等式的影响类型进行记录。

前面已说明，尽管企业发生的交易或事项复杂多样，但对会计等式的影响无外乎两种类型：一类是影响会计等式等号两边会计要素等额同增或等额同减；另一类是影响会计等式等号某一边会计要素发生变化的交易或事项，这类交易或事项不变更企业资金总额，只会使会计等式等号某一边等额地有增有减。这就决定了在复式记账法下，必须按交易或事项对会计等式的影响类型进行记录。

(4) 所有账户记录必须试算平衡。

通过复式记账对每笔交易或事项的双重等额记录，定期汇总的全部账户的数据必然会保持会计等式的平衡关系。

复式记账试算平衡有发生额试算平衡法和余额试算平衡法两种。这部分内容在本章第三节会详细阐述、说明。

通过上述方法，如果试算平衡，说明账户金额记录基本正确。

三、复式记账的作用

概括地说，复式记账是一种比较科学的记账方法，它完整地反映了企业交易或事项的全貌。复式记账法较好地体现了资金运动的内在规律，能够全面地、系统地反映资金增减变动的来龙去脉及经营成果，能够提供经营管理所需要的数据资料。同时，采用复式记账法，还可以通过有关账户之间的关系了解交易或事项的内容，检查交易或事项是否合理、合法。此外，根据复式记账必然相等的平衡关系，通过全部账户记录结果的试算平衡，还可以检查账户记录有无差错。

综上所述，复式记账法具有单式记账法无可比拟的优势，因而它也是世界各国公认的一种科学的记账方法。目前，我国的企业和行政事业单位采用的记账方法都是复式记账法。从复式记账法的发展历史看，有借贷记账法、增减记账法、收付记账法等。我国现行有关制度规定，企事业等单位一律采用借贷记账法。因此，本书只介绍借贷记账法的有关内容。

第二节　借贷记账法

一、借贷记账法的产生与演进

借贷记账法是以"借"和"贷"作为记账符号的一种复式记账方法。这种记账方法大约起源于 13 世纪的意大利。"借""贷"两字的含义，最初是从借贷资本家的角度来解释的。借贷资本家以经营货币资金为主要业务，对于收进来的存款，记在贷主(Creditor)的名下，表示自身的债务的增加；对于付出去的放款，则记在借主(Debtor)的名下，表示自身的债权的增加。这样，"借""贷"两字分别表示借贷资本家的债权、债务及其增减变化。

随着商品经济的发展、经济活动的内容日趋复杂，会计记录的交易或事项也呈现出复杂多样的特性。这时，"借""贷"两字逐渐失去了原来的字面含义，演变为一对单纯的记账符号，成为会计上的专业术语。到 15 世纪，借贷记账法已逐渐完备，被用来反映资本的存在形态和所有者权益的增减变化。与此同时，西方国家的会计学者提出了借贷记账法的理论依据，即所谓"资产＝负债＋资本"的平衡公式，并根据这个理论确立了借贷的记账规则，从而使借贷记账法逐渐完善，为世界各国普遍采用。

中华人民共和国成立以前，借贷记账法就已传入我国，为一部分企业所采用。中华人民共和国成立以后，我国会计工作者在借贷记账法的基础上，提出了一些新的记账方法，如增减记账法、资金收付记账法等，并将其运用于会计实践中。但是，记账方法不统一，既给企业间横向经济联系和国际经济交往带来诸多不便，也不利于经济管理中对会计信息的加工、汇总和利用。因此，我国于 1993 年实施的《企业会计准则》就已明确规定，境内所有企业在进行会计确认、计量时，都必须统一采用借贷记账法。

二、借贷记账法的记账符号

借贷记账法以"借"和"贷"作为记账符号。其中，"借"(简写 Dr)表示记入账户的借方；"贷"(简写 Cr)表示记入账户的贷方。

借贷记账法下，"借""贷"与不同性质的账户相结合，可以表示不同的含义。具体而言，"借"对于会计等式左边的账户是表示资产、费用类账户的增加，对于会计等式右边的账户是表示负债、所有者权益、收入和利润类账户的减少；"贷"对于会计等式左边的账户是表示资产、费用类账户的减少，对于会计等式右边的账户是表示负债、所有者权益、收入和利润类账户的增加。

三、借贷记账法的账户结构

在借贷记账法下，将所有账户的左方定为"借方"，右方定为"贷方"，并用一方登记增加额，另一方登记减少额。在一个会计期间，借方登记的合计数称为借方发生额，贷方登记的合计数称为贷方发生额。那么，究竟用哪一方来登记增加额，用哪一方来登记减少额呢？这要根据各个账户反映的经济内容(也就是它的性质)来决定。

下面分别说明借贷记账法下各类账户的结构。

(一) 资产类账户的结构

资产类账户的结构是：账户的借方登记资产的增加额，贷方登记资产的减少额。由于资产的减少额不可能大于它的期初余额与本期增加额之和，因此，这类账户期末如有余额，则必定在借方。该类账户期末余额的计算公式为

资产类账户期末借方余额＝期初借方余额＋本期借方发生额－本期贷方发生额

资产类账户的简化结构如图 4-1 所示。

借方		资产类账户	贷方
期初余额	××××		
增加额	××××	减少额	××××
本期发生额	××××	本期发生额	××××
期末余额	××××		

图 4-1 资产类账户结构图

(二) 负债及所有者权益类账户的结构

由"资产=负债 + 所有者权益"的会计等式可知,负债及所有者权益类账户的结构与资产类账户的结构正好相反,其贷方登记负债及所有者权益的增加额,借方登记负债及所有者权益的减少额。由于负债及所有者权益的增加额与期初余额之和通常大于其本期减少额,因此这类账户期末如有余额,则必定在贷方。该类账户期末余额的计算公式为

负债及所有者权益类账户期末贷方余额=期初贷方余额 + 本期贷方发生额−本期借方发生额

负债及所有者权益类账户的简化结构如图4-2所示。

借方		负债及所有者权益类账户	贷方
		期初余额	×××
减少额	×××	增加额	×××
本期发生额	×××	本期发生额	×××
		期末余额	×××

图 4-2　负债及所有者权益类账户结构图

(三) 费用类账户的结构

企业在生产经营中所发生的各种耗费大多由资产转化而来,所以费用在抵销收入之前,可将其视为一种特殊资产。因此,费用类账户的结构与资产类账户的结构基本相同,账户的借方登记费用的增加额,贷方登记费用的减少(转销)额。由于借方登记的费用增加额一般都要通过贷方转出,所以该类账户通常没有期末余额。费用类账户的简化结构如图 4-3所示。

借方		费用类账户	贷方
增加额	×××	减少额	×××
本期发生额	×××	本期发生额	×××

图 4-3　费用类账户结构图

(四) 收入类账户的结构

收入类账户的结构与负债及所有者权益类账户的结构类似,账户的贷方登记收入的增加额,借方登记收入的减少(转销)额。由于贷方登记的收入增加额一般要通过借方转出,因此这类账户通常也没有期末余额。收入类账户的简化结构如图4-4所示。

借方		收入类账户	贷方
减少额	×××	增加额	×××
本期发生额	×××	本期发生额	×××

图 4-4　收入类账户结构图

(五) 利润类账户的结构

利润类账户的结构也与负债及所有者权益类账户的结构大致相同，账户的贷方登记利润的增加额，借方登记利润的减少额。期末如有余额，则在贷方。利润类账户的简化结构如图4-5所示。

借方	利润类账户		贷方
		期初余额	×××
减少额	×××	增加额	×××
本期发生额	×××	本期发生额	×××
		期末余额	×××

图 4-5 利润类账户结构图

根据上述内容，可将借贷记账法下各类账户的结构归纳见表4-1。

表 4-1 借贷记账法下各类账户的结构

账户类别	借 方	贷 方	余额方向
资产类	增加	减少	余额在借方
负债类	减少	增加	余额在贷方
所有者权益类	减少	增加	余额在贷方
费用类	增加	减少(转销)	一般无余额
收入类	减少(转销)	增加	一般无余额
利润类	减少	增加	一般在贷方

由此可见，借贷记账法下各类账户的期末余额都在记录增加额的一方，即资产类账户的期末余额在借方，负债及所有者权益类账户的期末余额在贷方。基于此，可以得出结论：根据账户余额所在的方向，可以判断账户的性质。账户若是借方余额，则为资产(包括有余额的费用)类账户；账户若是贷方余额，则为负债或所有者权益(包括利润)类账户。

四、借贷记账法的记账规则

前已述及，按照复式记账的原理，任何交易或事项都要以相等的金额，在两个或两个以上相互联系的账户中进行记录。那么，在借贷记账法下，如何记录交易或事项呢？以下通过几笔简单的交易或事项实例说明借贷记账法的具体运用，进而总结出借贷记账法的记账规则。

【例 4-1】 先锋公司收到某单位投入的资本 700 000 元存入银行。

这项交易或事项一方面使企业的资产——银行存款增加，应记入"银行存款"账户的借方；另一方面使所有者权益——实收资本增加，应记入"实收资本"账户的贷方。其登账结果如图4-6和图4-7所示。

借	银行存款	贷		借	实收资本	贷
期初余额	600 000				期初余额	1 000 000
(1)	700 000				(1)	700 000

图 4-6 银行存款账户   图 4-7 实收资本账户

【例 4-2】 先锋公司用银行存款 200 000 元偿还前欠某企业的账款。

这项交易或事项一方面使企业的资产——银行存款减少,应记入"银行存款"账户的贷方;另一方面使企业的负债——应付账款减少,应记入"应付账款"账户的借方。其登账结果如图 4-8 和图 4-9 所示。

借	银行存款		贷		借	应付账款		贷
期初余额	600 000	(2)	200 000		(2)	200 000	期初余额	360 000
(1)	700 000							

图 4-8 银行存款账户   图 4-9 应付账款账户

【例 4-3】 先锋公司将资本公积金 160 000 元按法定程序转增资本。

这项交易或事项一方面使企业的所有者权益——资本公积减少,应记入"资本公积"账户的借方;另一方面使企业的所有者权益——实收资本增加,应记入"实收资本"账户的贷方。其登账结果如图 4-10 和图 4-11 所示。

借	资本公积		贷		借	实收资本	贷
(3)	160 000	期初余额	240 000			期初余额	1 000 000
						(1)	700 000
						(3)	160 000

图 4-10 资本公积账户   图 4-11 实收资本账户

【例 4-4】 先锋公司用银行存款 100 000 元购入固定资产(暂不考虑增值税)。

这项交易或事项一方面使企业的资产——固定资产增加,应记入"固定资产"账户的借方;另一方面使企业的资产——银行存款减少,应记入"银行存款"账户的贷方。其登账结果如图 4-12 和图 4-13 所示。

借	固定存款	贷		借	银行存款		贷
期初余额	1 000 000			期初余额	600 000	(2)	200 000
(4)	100 000			(1)	700 000	(4)	100 000

图 4-12 固定资产账户   图 4-13 银行存款账户

综上可以看出,在运用借贷记账法记账时,对每项交易或事项,既要记入某一个(或几个)账户的借方,又必然要记入另一个(或几个)账户的贷方,即"有借必有贷";账户借方记录的金额必然等于账户贷方的金额,即"借贷必相等"。因此,我们可以总结出借贷记账法的记账规则是:有借必有贷,借贷必相等。

五、会计分录

会计分录是指根据交易或事项的内容指明应借应贷账户的方向、账户名称及其金额的一种会计记录。前已述及，运用复式记账法反映交易或事项，一笔业务所涉及的几个账户之间必然存在着某种相互依存的对应关系。由于账户对应关系反映了每项交易或事项的内容，以及由此而引起的资金运动的来龙去脉，因此，在采用借贷记账法登记某项交易或事项时，应先通过编制会计分录来确定其所涉及的账户及其对应关系，从而保证账户记录的正确性。

会计分录书写格式的要求如下：

(1) 每一笔分录要先借后贷，即借方账户排列在上，贷方账户排列在下。

(2) 每个会计科目应独占一行排列。

(3) 借方与贷方应错位表示，即贷方的文字和数字都应比借方退后(右移)两格书写，以便醒目、清晰。

(4) 金额数字应逐个书写，不得写连笔字。

(5) 在编制一借多贷、一贷多借和多借多贷的会计分录情况下，借方或贷方的会计科目应分别上下对齐排列，借方或贷方的金额数字也应分别上下对齐排列。

编制会计分录是会计工作的初始阶段，也是会计工作必不可少的部分。现将前面所举例 4-1 至例 4-4 交易或事项的会计分录列示如下：

例 4-1	借：银行存款	700 000
	贷：实收资本	700 000
例 4-2	借：应付账款	200 000
	贷：银行存款	200 000
例 4-3	借：资本公积	160 000
	贷：实收资本	160 000
例 4-4	借：固定资产	100 000
	贷：银行存款	100 000

会计分录按其所运用账户的多少分为简单会计分录和复合会计分录两种。简单会计分录是指由两个账户所组成的会计分录。以上每笔会计分录都只有一"借"一"贷"，故均属于简单会计分录。复合会计分录，是指由两个以上账户所组成的会计分录。现举例说明如下：

【例 4-5】 先锋公司购进原材料 20 000 元，其中 10 000 元货款已用银行存款付讫，其余 10 000 元货款尚未支付(暂不考虑增值税)。

这项交易或事项一方面使企业资产——原材料增加，应记入"原材料"账户的借方；另一方面使企业的资产——银行存款减少，以及企业的负债——应付账款增加，应记入"银行存款"和"应付账款"账户的贷方。其会计分录如下：

借：原材料	200 000
贷：银行存款	100 000
应付账款	100 000

应该指出，为了使账户对应关系一目了然，在借贷记账法下，应编制一"借"一"贷"、一"借"多"贷"和一"贷"多"借"的会计分录，一般不编制多"借"多"贷"的会计分录。这是因为，多"借"多"贷"的会计分录容易使账户之间的对应关系模糊不清，难

以据此分析交易或事项的实际情况。

第三节　借贷记账法的试算平衡

所谓借贷记账法的试算平衡，是指根据会计等式的平衡原理，按照记账规则的要求，通过汇总、测算和比较，来检查账户记录的正确性、完整性。

采用借贷记账法，由于对任何交易或事项都是按照"有借必有贷，借贷必相等"的记账规则记入各有关账户，因此不仅每一笔会计分录借贷发生额相等，而且当一定会计期间的全部交易或事项都记入相关账户后，所有账户的借方发生额合计数必然等于贷方发生额合计数；同时，期末结账后，全部账户借方余额合计数也必然等于贷方余额合计数。因此，在借贷记账法下，根据借贷复式记账的基本原理，试算平衡的方法主要有发生额平衡法和余额平衡法两种。

发生额平衡法的计算公式为

$$全部账户借方发生额合计 = 全部账户贷方发生额合计$$

余额平衡法的计算公式为

$$全部账户借方余额合计 = 全部账户贷方余额合计$$

试算平衡是通过编制试算平衡表进行的。试算平衡表通常是在期末结出各账户的本期发生额合计和期末余额后编制的。现将以上所举先锋公司的 5 笔交易或事项记入有关总分类账户，并结出各账户本期发生额和期末余额(见图 4-14 至图 4-19)，分别编制总分类账户发生额试算平衡表(见表 4-2)和总分类账户余额试算平衡表(见表 4-3)。

借	银行存款		贷
期初余额	600 000	(2)	200 000
(1)	700 000	(4)	100 000
		(5)	100 000
本期发生额	700 000	本期发生额	400 000
期末余额	900 000		

图 4-14　银行存款账户

借	原材料		贷
(5)	200 000		
本期发生额	200 000	本期发生额	0
期末余额	200 000		

图 4-15　原材料账户

借	固定资产		贷
期初余额	1 000 000		
(4)	100 000		
本期发生额	100 000	本期发生额	0
期末余额	1 100 000		

图 4-16　固定资产账户

借	应收账款		贷
(2)	200 000	期初余额	360 000
		(5)	100 000
本期发生额	200 000	本期发生额	100 000
		期末余额	260 000

图 4-17　应收账款账户

借	实收资本		贷
	期初余额	1 000 000	
	(1)	700 000	
	(3)	160 000	
本期发生额 0	本期发生额	860 000	
	期末余额	1 860 000	

借	资本公积		贷
(3)	160 000	期初余额	240 000
本期发生额	160 000	本期发生额	0
		期末余额	80 000

图4-18 实收资本账户 　　　　　图4-19 资本公积账户

表4-2 总分类账户发生额试算平衡表

单位：元

账户名称	本期发生额	
	借 方	贷 方
银行存款	700 000	400 000
原材料	200 000	
固定资产	100 000	
应付账款	200 000	100 000
实收资本		860 000
资本公积	160 000	
合　　计	1 360 000	1 360 000

表4-3 总分类账户余额试算平衡表

单位：元

账户名称	期 末 余 额	
	借 方	贷 方
银行存款	900 000	
原材料	200 000	
固定资产	1 100 000	
应付账款		260 000
实收资本		1 860 000
资本公积		80 000
合　　计	2 200 000	2 200 000

在实际工作中，为了方便起见，还可将总分类账户发生额试算平衡表和总分类账户余额试算平衡表合并在一起，并结合各账户的期初余额数，编制总分类账户发生额及余额试算平衡表(见表4-4)。这样，在一张表上既可进行总分类账户借贷发生额平衡的试算，又能进行总分类账户借贷余额平衡的试算。

表4-4   总分类账户发生额及余额试算平衡表

单位：元

账户名称	期 初 余 额		本期发生额		期 末 金 额	
	借方	贷方	借方	贷方	借方	贷方
银行存款	600 000		700 000	400 000	900 000	
原材料			200 000		200 000	
固定资产	1 000 000		100 000		1 100 000	
应付账款		360 000	200 000	100 000		260 000
实收资本		1 000 000		860 000		1 860 000
资本公积		240 000	160 000			80 000
合 计	1 600 000	1 600 000	1 360 000	1 360 000	2 200 000	2 200 000

如果试算不平衡，说明账户的记录肯定有错。如果试算平衡，说明账户的记录基本正确，但不一定完全正确，因为有些错误并不影响借贷双方的平衡，通过试算也无法发现，如漏记或重记某项交易或事项、借贷记账方向彼此颠倒或方向正确但记错了账户等。因此，根据试算平衡的结果只能确认账户记录是否基本正确。

案例分析

小李今年从某大学会计系毕业，进入先锋公司担任会计员。上班第一天，会计科室的同事们忙得不可开交，原来大家正忙着月末结账。"我能做些什么？"小李问会计主管。会计主管看他那急于投入工作的表情，也想检验一下他的工作能力，问道："试算平衡表的编制方法在学校学过了吧？""学过。"小李很自然地回答。"那行，你先编一下我们公司这个月的试算平衡表吧。"主管帮他找到了本公司所有的总账账簿，让他开始工作。不到1小时，一张总分类账户发生额及余额试算平衡表就完整地编制出来了。看到表格上那相互平衡的3组数字，小李很是激动，将平衡表交给了会计主管。

"呀，昨天车间领材料的单据还没记到账上去呢，这也是这个月的业务啊！"会计员小扬说道。还没等小李缓过神来，会计员小张手里又拿着一些会计凭证凑了过来，对主管说："这笔账我核对过了，'原材料'和'生产成本'应当记15 000元，而不是10 000元。已经入账的那部分数字还得改一下。"

"试算平衡表不是已经平衡了吗？怎么还有错账呢？"小李不解地问。

主管看他满脸疑惑的神情，就耐心地解释说："平衡表也不是万能的，像在账户中把有些业务漏记了，借贷金额记账方向彼此颠倒了，还有记账方向正确但记错账户了，这些都不会影响试算表的平衡。像小张刚才发现的把两个账户的金额同时记错了，也不会影响试算表的平衡。"

小李边听边点头，心里想：这些内容之前老师在"基础会计"课上也讲过，以后在实践中还得好好琢磨呀。经过一番调整，一张真实反映公司本月交易或事项的试算平衡表在小李手里诞生了。

分析：

试算平衡表的作用是什么？

实　　训

◆ **实训目的**

掌握借贷记账法的基本内容。

◆ **实训资料**

先锋公司全部账户的期初余额如表 4-5 所示。

表 4-5　期初余额

单位：元

账户名称	借方余额	账户名称	贷方金额
现金	300	短期借款	220 000
银行存款	300 000	应付账款	135 000
应收账款	87 500	应缴税费	2 800
库存商品	140 000	实收资本	870 000
固定资产	700 000		

◆ **实训要求**

(1) 编制该公司下列交易或事项的会计分录(见表 4-6)。

表 4-6　交易或事项的会计分录

交易或事项	分　　录
(1) 从银行提取现金 2 000 元，留置备用	
(2) 以存款购入材料，价款 70 000 元，增值税 11 900 元，材料已验收入库	
(3) 从甲公司购入材料，价款 50 000 元，增值税 8 500 元，材料已验收入库，货款尚未支付	
(4) 收到乙公司前欠货款 35 100 元存入银行	
(5) 员工小华向企业预支差旅费 3 000 元，以现金支付	
(6) 从银行取得半年期的借款 80 000 元，存入银行账户	
(7) 收到 A 股东投入的货币资金 300 000 元，存入银行	

(2) 根据期初余额与所编制的会计分录，开设并登记"T"形账户，结出本期发生额及期末余额。

(3) 根据上述账户记录，编制总分类账户试算平衡表(见表 4-7)。

表 4-7　总分类账户试算平衡表

单位：元

账户名称	期 初 余 额		本期发生额		期 末 金 额	
	借方	贷方	借方	贷方	借方	贷方
合　计						

第五章　借贷记账法在制造业中的运用

案例导入

先锋公司精简机构，对于职工张某来说有三条路可供选择：

(1) 继续在原单位供职，年收入 48 000 元。

(2) 下岗，但某快餐厅愿以每月 2 400 元的工资待遇请他帮佣。

(3) 辞职，搞个体经营。

结果他决定自己投资 80 000 元，开办一家餐厅。下面是该餐厅开业一个月的经营情况：

(1) 预付一年房租 12 000 元。

(2) 购入各种饮料 12 000 元，本月耗用其中的 1/3。

(3) 支付雇员工资 3 000 元。

(4) 支付水电费 1 000 元。

(5) 获取营业收入 20 000 元。

思考：

张某的选择是否正确？为什么？

第一节　制造业的主要交易或事项

制造业的生产经营活动比较复杂，交易或事项比较频繁，其会计业务具有代表性。生产经营活动包括取得货币资金、组织生产资料供应、组织产品生产、组织产品销售和分配经营成果等过程。

其中，货币资金的取得主要是所有者的投资，其次是向债权人借入的资金。生产资料供应过程，也称储备过程，是制造业生产经营过程的第一阶段，即生产的准备阶段。在这一过程中，企业用货币资金购进原材料等，以满足生产的需要，形成材料储备。这时，资金由货币资金形态转变为储备资金形态，其主要交易或事项是材料采购和因材料采购而发生的增值税的确认、计量与货款结算等。

生产过程，即产品的形成阶段。在这一过程中，通过对材料进行生产加工而制造出产品。因产品的生产而发生的各种生产费用，概括地说包括材料费用、工资费用和其他费用。

通过对生产费用的归集和分配，计算出产品成本。因此，生产费用的归集和分配便成了生产过程的主要交易或事项。在生产过程中，企业的资金形态发生了变化，储备资金和部分货币资金先转化为生产资金，再转化为成品资金。产品的生产和销售活动也是不断发生的。销售过程是企业通过产品销售活动取得销售收入，成品资金转化为货币资金的过程。在这一过程中的主要交易或事项是销售产品，以及因产品销售同客户发生的货币结算，依法计算并缴纳销售税金等。销售过程的完成，标志着一个经营周期的结束，随之而来的是新一轮的经营周期。随着生产经营活动的不断进行，其经营资金依次从货币资金转化为储备资金、生产资金、成品资金，直至回到货币资金，周而复始地循环周转着。制造业企业不仅要如实反映企业经营过程中发生的交易或事项，还必须及时计算出一定期间内的财务成果，确定企业在该时期所实现的利润或亏损，并按国家规定进行分配。因此，正确计算财务成果并对财务成果进行分配，也是企业主要经营过程的业务内容。

制造业企业的生产经营活动主要由供应过程、生产过程和销售过程组成，所以，将工业企业生产经营活动简称为"供、产、销活动"。

一、产品供应过程中的主要交易或事项

工业企业供应过程中的主要任务是通过材料采购形成生产储备，以保证企业生产经营的正常进行。供应过程包括材料采购、验收入库，直至投入生产为止的全过程。

在采购过程中发生的运输费、装卸费、搬运费、运输途中的合理损耗以及入库前的挑选整理等费用统称为采购费用。材料采购成本就是由材料的购买价和采购费用共同构成的。因此，在材料采购过程中，除确认、计量材料的购买价外，还必须确认相关的采购费用以及因材料采购而发生的增值税进项税额。材料经采购并完成验收入库后，进入储备阶段，然后根据生产需要领用。由此可以看出，供应过程会计确认计量的主要内容包括材料采购的确认计量、增值税进项税额的确认计量，以及反映材料的收入、发出和储存的确认计量。

企业要与供应单位或其他有关单位办理款项的结算以支付采购材料的货款和运输费、装卸费等各种采购费用，这些采购费用形成了材料的采购成本。材料货款的结算、采购费用的支付、材料采购成本的计算、材料验收入库等均为供应过程中的主要交易或事项。

二、产品生产过程中的主要交易或事项

从制造业企业将材料投入生产到产品完工验收入库的过程称为生产过程。企业要进行正常的生产经营活动，就会产生各项耗费，这些耗费可统称为费用。费用按经济用途可分为生产成本、销售费用、管理费用、财务费用四大类。制造业企业的生产过程就是生产的耗用过程。

材料在生产过程中一次性被消耗掉，或是改变了原有的实物形态，其价值也随之全部转移到新产品的价值中去，构成产品生产费用的一部分。生产费用包括：直接材料费；支付给直接参加产品生产的工人工资，以及按生产工人工资总额和规定的比例计算提取的职工福利费；企业生产车间等生产单位为组织和管理生产而发生的各项间接费用，即制造费用。为生产一定种类、一定数量的产品发生的直接材料、直接人工费用和制造费用的总和就是这些产品的成本，称为生产成本或制造成本。构成产品成本的费用，应按不同产品进行归集，并正确区分产成品和在成品的费用界限，据此正确计算出产品的生产成本或制造成本。

按照产品的品种归集、分配生产成本时，可以将生产费用简单地归纳为三部分，即直接材料费用、直接人工费用、制造费用，简称料、工、费。本部分关于生产过程的确认、计量，以料、工、费三个项目为主，简单地阐述产品生产过程的会计处理。

制造业企业在生产经营过程中，除了发生构成产品生产成本的费用外，因管理和保证生产的需要，必然会发生期间费用。期间费用是指不能直接归属于某个特定产品成本的费用，如销售费用、管理费用和财务费用。这些费用容易确定其发生的期间，但难以判断其所归属的产品，因而在发生的当期便从当期损益中扣除。

三、产品销售过程中的主要交易或事项

销售过程是工业企业资金运动的第三个阶段，也是生产经营活动的最后一个环节。这一过程是产品价值和使用价值的实现过程。企业出售产品，按照销售价格和销售数量收取价款，形成销售收入，使产品资金转化为货币资金；企业通过交换，将制造的产品及时地销售出去，并按产品的销售价格向买方办理结算收回销货款。通常把销货款称为营业收入。在产品销售过程中，企业为取得一定数量的销售收入必须付出相应数量的产品。为制造这些销售产品所耗费的材料、人工等称为销售成本。此外，企业为了推销产品还要发生包装费、运输费、广告费等销售费用。这些耗费与组织当期销售有关，所以将其作为期间费用抵减当期销售收入。企业在取得销售收入时，应按国家税法规定的税率和实现的销售收入计算产品的销售税金。

综上所述，工业企业销售过程中会计确认、计量的主要内容包括：将产品销售出去并办理货款的清算，确认和反映销售收入，计算和缴纳税金，计算并结转销售成本，同时归集销售费用等。

从采购原材料开始到销售产品结束，制造业企业完成了一次主要的经营活动，从而实现了一次资金循环。经营活动周而复始，连绵不断，从而形成了资金的周转。企业在经营活动中获得的收入在补偿其成本费用后，即为企业的经营成果，称为盈利。企业盈利先要以所得税形式上缴国家，剩余的作为企业盈余积累，用于企业发展资金和投资者分红。

销售收入的确认在实际工作中是一个十分重要和复杂的问题，它既关系到纳税的时间，又关系到经营成果的计算。确认销售收入一般以产品已经发出、货款已经收到或者已取得收取价款的凭据为标志。

总之，制造业企业生产经营活动的三个过程各有特点，各自产生独立的交易或事项；同时，三个过程又相互联系，共同产生交易或事项。例如，独立确认、计量企业最高管理机构发生的管理费用，就是在整个企业经营活动中产生的；再如，很难区分向银行借入的资金是占用于库存材料，还是占用于在产品、产成品等，其利息费用也只能被认为是企业活动的三个过程共同发生的。所以，管理费用、财务费用的确认、计量形成独立的内容。

★思政小课堂：

《中华人民共和国会计法》第九条规定：各单位必须根据实际发生的经济业务事项进行会计核算，填制会计凭证，登记会计账簿，编制财务会计报告。任何单位不得以虚假的经济业务事项或者资料进行会计核算。

会计做账需根据真凭实据，而诚信更是立人之根本，是社会主义核心价值观的体现。

国内企业财务状况不容乐观，国内著名稻米生产商万福生科因创业板造假而"一战成名"。其通过将公司的自有资金打到体外循环，同时虚构粮食收购和产品销售业务，虚增销售收入和利润。其系统性、隐蔽性和独立性之强，令业内人士"叹为观止"，最终以董事长移交司法告终。此事件不仅对强化公司治理、健全法律法规和中介机构监督治理提出了更高要求，也给全国乃至世界范围内企业敲响警钟。更甚者譬如瑞幸咖啡虚假交易事件，其高达22亿的交易造假直接诱发了自身股价下跌80%，并被处以11.8亿元的处罚。

当代国人正面临着社会剧烈变化、经济重大转型的关键阶段，如何在日新月异的社会生活中保有诚实守信的良好品质是值得人深思的。诚信经营、诚实做账是否能始终如一地在行业和生活中得到贯彻落实？在阅读本教材的同学们又是否做到了在生活中诚实友善呢？先贤孔子有云：人而无信，不知其可也。可知诚信不仅是会计行业的守则，更是自古以来中华民族的传统美德。应当时时刻刻将诚信铭记于心，落实在学习生活中；应当做到为人诚实、做事诚信。例如，真诚对待同学和老师，认真过好校园生活，严禁考试舞弊等行为。不让不诚信的事成为人生的污点，让诚信友善之光引导自己前行。

第二节　资金筹集业务的确认计量

一、资金筹集业务概述

任何企业要进行生产经营活动，都必须拥有一定的资产。企业的资金来源渠道主要为两类：一是在企业创立时由企业的所有者提供；二是在企业创立后由企业的债权人提供。前者形成企业的所有者权益，该部分业务可以称为所有者权益资金筹集业务；后者形成企业的负债，该部分业务可以称为负债资金筹集业务。

企业创立时投入的资金，是设立企业必须拥有的资本金，即开办企业的本钱。资本金是指企业在工商行政管理部门登记的注册资金。企业所有者可以将银行存款、库存现金等以货币形式向企业投入资金，也可以将原材料、固定资产等以实物形式向企业投入资金，还可以将专利权、商标权等以无形资产形式向企业投入资金。

企业创立时所有者投入企业的资本金，是企业进行生产经营活动的启动资金。企业拥有了所有者初始投入的启动资金所形成的各种资产，就可以开展各项生产经营活动。在生产经营过程中，由于企业规模扩大、业务发展，所有者初始投入的资金不足时，还可以由所有者追加投入资本金，也可以向债权人负债，即由债权人向企业投入资金，以满足企业不断发展变化的需要。债权人向企业投入资金，是企业拥有资产的一条重要渠道。

二、所有者权益资金筹集业务的确认计量

企业所有者权益主要由实收资本、资本公积、盈余公积和未分配利润组成。其中，实收资本和资本公积是所有者直接投入企业的资本和资本溢价，一般也将实收资本和资本公积称为投入资本；盈余公积和未分配利润则是企业在经营过程中所实现的利润留存于企业的部分，称为留存收益。这里主要介绍前者。

(一) 实收资本

实收资本是指企业的投资者按照企业章程或合同、协议的约定，实际投入企业的资本金。按投资主体的不同，实收资本可分为国家资本金、法人资本金、个人资本金和外商资本金；按投资者投入资本物质形态的不同，实收资本可分为接受货币资金投资、接受实物投资、接受有价证券投资和接受无形资产投资等。我国目前实行的是注册资本制度，要求企业的实收资本应与注册资本相一致。企业接受各方投资者投入的资本金应遵守资本保全制度的要求，除法律、法规有规定者外，不得随意抽回，在经营过程中实现的收入、发生的费用以及在财产清查中发现的盘盈、盘亏等都不得直接增减投入资本。

(二) 资本公积

资本公积是投资者或他人投入企业、所有权归属投资者并且金额上超过法定资本部分的资本，以及直接计入所有者权益的利得或损失等，是企业所有者权益的重要组成部分。资本公积实质上是一种准资本，是资本的一种储备形式。但是，资本公积与实收资本又有一定的区别，实收资本是股东为谋求价值增值而对公司的一种原始投入，属于公司的法定资本；资本公积可以来源于投资者的额外投入，也可以来源于直接计入所有者权益的利得或损失等，它的主要用途是转增资本，即在办理增资手续后用资本公积转增实收资本。

为了反映和监督资本公积的增减变动及其结余情况，会计上应设置"资本公积"账户。该账户属于所有者权益类账户，其贷方登记从不同渠道取得的资本公积直接计入所有者权益的利得，即资本公积的增加数；借方登记资本公积转增资本直接计入所有者权益的损失，即资本公积的减少数；期末余额在贷方，表示资本公积的期末结余数。

【例 5-1】 先锋公司收到某公司投入的一套入股设备，设备经双方确认其价值为 2 000 000 元。

这项交易或事项的发生一方面使公司的固定资产增加 2 000 000 元，另一方面使公司的实收资本增加 2 000 000 元，涉及"固定资产"和"实收资本"两个账户。编制的会计分录如下：

借：固定资产   2 000 000
  贷：实收资本   2 000 000

【例 5-2】 先锋公司接受 A 公司投资 5 000 000 元，其中 4 500 000 元作为实收资本，500 000 元作为资本公积，公司收到投资后存入银行，其他手续已办妥。

这项交易或事项的发生一方面使公司的银行存款增加 5 000 000 元，另一方面使公司的实收资本增加 4 500 000 元，资本公积增加 500 000 元，涉及"银行存款""实收资本""资本公积"三个账户。编制的会计分录如下：

借：银行存款   5 000 000
  贷：实收资本   4 500 000
      资本公积   500 000

【例 5-3】 先锋公司经股东会批准，将公司资本公积 300 000 元转增资本。

这项交易或事项的发生，一方面使公司的资本公积减少 300 000 元，另一方面使公司的实收资本增加 300 000 元，涉及"实收资本"和"资本公积"两个账户。编制的会计分录如下：

借：资本公积　　　　　　　　　　　　　　300 000
　　贷：实收资本　　　　　　　　　　　　　　　300 000

三、负债资金筹集业务的确认计量

当企业为了取得生产经营所需的资金、商品或劳务等而向银行或非银行金融机构借款，就形成了企业同其他经济实体之间的债务关系。按偿还期限的长短，负债可分为流动负债和非流动负债。本教材着重介绍流动负债中的短期借款业务，非流动负债中的长期借款业务将在以后中级财务会计课程中详细介绍。

(一) 短期借款的概念

短期借款是指企业为了满足其生产经营对资金的临时需要而向银行或其他金融机构等借入的偿还期限在 1 年以内(含 1 年)的各种借款。短期借款必须按期归还本金并按时支付利息。

(二) 短期借款业务的账户设置

短期借款业务的账户分为"短期借款"账户、"财务费用"账户、"应付利息"账户。

1."短期借款"账户

该账户的性质属于负债类，是用来确认、计量企业向银行或其他金融机构借入的期限在 1 年以内(包含 1 年)的各种借款的增减变动及其结余情况的账户。其贷方登记取得的短期借款，即短期借款本金的增加；借方登记短期借款的偿还，即短期借款本金的减少；期末余额在贷方，表示企业尚未偿还的短期借款的本金结余额。短期借款应按照债权人的不同设置明细账户，并按照借款种类进行明细分类确认、计量。

2."财务费用"账户

该账户的性质属于损益类，用来确认计量企业为筹集生产经营所需资金等而发生的各种筹资费用，包括利息支出(减利息收入)、佣金、汇兑损失(减汇兑收益)和相关的手续费等，企业在赊销商品产品过程中产生的现金折扣也在该账户确认、计量。其借方登记发生的财务费用，贷方登记发生的应冲减财务费用的利息收入、汇兑收益及期末转入"本年利润"账户的财务费用净额(即财务费用支出大于收入的差额，如果收入大于支出则进行反方向的结转)。经过结转之后，该账户期末没有余额。

3."应付利息"账户

该账户的性质属于负债类，用来确认、计量应付而未付的银行利息。其借方登记已支付银行的利息；贷方登记应支付利息的增加额；期末余额在贷方，表示尚未支付的利息。

(三) 短期借款利息的确认计量

(1) 若当期支付当期的利息，利息费用直接计入当期的财务费用；若利息数额不大时，利息费的处理可以灵活执行收付实现制，每期不需计息，即不通过"应付利息"账户，而是直接计入财务费用。实际付息时做账如下：

借：财务费用
　　贷：银行存款

(2) 当利息数额较大时，且到期还本按季结息或到期一次性付息时，利息费的处理需执行权责发生制。

① 每月月末提前计息做账，按计算确定的短期借款利息金额，借记"财务费用"科目，贷记"应付利息"科目，编制的会计分录如下：

借：财务费用
　　贷：应付利息

② 实际当向银行支付利息时做账，一方面冲减已预提利息，借记"应付利息"科目，另一方面确认当月利息费用，借记"财务费用"科目，再根据应付利息总额，贷记"银行存款"科目，编制的会计分录如下：

借：应付利息
　　财务费用
　　　　贷：银行存款

【例 5-4】　先锋公司因生产经营的临时性需要，于 2022 年 4 月 15 日向银行申请取得期限为 6 个月的借款 1 000 000 元，存入银行(假定利息数额较大)。

这项交易或事项的发生，一方面使公司的银行存款增加 1 000 000 元，另一方面使公司的短期借款增加 1 000 000 元，涉及"银行存款"和"短期借款"两个账户。编制的会计分录如下：

借：银行存款　　　　　　　　　　　　　　　　1 000 000
　　贷：短期借款　　　　　　　　　　　　　　　　　1 000 000

【例 5-5】　承前例，假如先锋公司取得的借款年利率为 6%，利息按季度结算，计算 4 月份应负担的利息。

这项交易或事项的发生，首先应按照权责发生制的要求，计算本月应负担的利息额。本月应负担的借款利息为 2 500(1 000 000 × 6% ÷ 12 ×15 ÷ 30)元。借款利息属于企业的一项财务费用，由于利息是按季度结算的，所以本月的利息虽然在本月计算并由本月来负担，但不在本月实际支付，因而形成企业的一项负债。这项交易或事项涉及"财务费用"和"应付利息"两个账户。编制的会计分录如下：

借：财务费用　　　　　　　　　　　　　　　　2 500
　　贷：应付利息　　　　　　　　　　　　　　　　　2 500

【例 5-6】　承上例，6 月末，先锋公司用银行存款 12 500 元支付本季度的银行借款利息。

这项交易或事项实际上是偿还银行借款利息的业务。一方面使公司的银行存款减少 12 500 元，另一方面使公司的应付利息减少 12 500 元，涉及"银行存款"和"应付利息"两个账户。编制的会计分录如下：

借：应付利息　　　　　　　　　　　　　　　　12 500
　　贷：银行存款　　　　　　　　　　　　　　　　　12 500

【例 5-7】　承上例，10 月 16 日，先锋公司用银行存款 1 000 000 元偿还到期的银行临时借款。

这项交易或事项的发生，一方面使公司的银行存款减少 1 000 000 元，另一方面使公司的短期借款减少 1 000 000 元，涉及"银行存款"和"短期借款"两个账户。编制的会计分录如下：

借：短期借款   1 000 000
　　贷：银行存款   1 000 000

第三节　供应过程业务的确认计量

供应过程是为生产做准备的过程，企业必须准备劳动资料(即购建厂房、建筑物和机器设备等固定资产)和劳动对象(即购买原材料)等。因此，固定资产购建业务和材料采购业务的确认和计量，就成为企业供应过程业务确认、计量的主要内容，而企业固定资产购建业务不常发生，本节主要讲述材料采购业务的确认、计量。

按照我国现行制度规定，企业原材料的日常确认、计量可以按实际成本计价确认和计量，也可以按计划成本计价确认和计量。企业采用计划成本确认、计量的原材料成本实质上也是原材料的实际成本，只不过是要通过"材料成本差异"账户将计划成本调整为实际成本。对于这两种原材料计价确认和计量的方法，企业可以根据具体情况自行决定。本节将着重介绍实际成本法下原材料计价确认和计量的方法。

一、主要业务内容及材料采购成本的构成

企业要进行正常的产品生产经营活动，就必须购买和储备一定品种和数量的原材料，原材料是企业生产产品不可缺少的物质要素，是指在生产过程中，经过加工而改变其原来的实物形态，构成产品主要实体的一部分，或不构成实体但有助于产品形成的辅助材料。原材料通常都是向外单位采购而得的。

在材料采购过程中，一方面是企业从供应单位购进各种材料，要计算购进材料的采购成本；另一方面企业要按照经济合同和约定的结算办法支付材料的买价和各种采购费用，并与供应单位发生货款结算关系。在材料采购业务的确认计量过程中，还涉及增值税进项税额的计算与处理问题。采购业务和计算业务是材料采购业务确认、计量的主要内容。

制造业企业原材料确认、计量中一个非常重要的问题就是原材料成本的确定，包括取得原材料成本的确定和发出原材料成本的确定。通过不同方式取得的原材料，其成本的确定方法不同，成本构成内容也不同。其中购入的原材料，其实际成本由以下几项内容组成。

(1) 买价：指购货发票注明的货款金额。

(2) 采购费用：指采购过程中的外地运杂费，即自供货者单位至本企业所在地车站、码头或仓库前所发生的应由本企业负担的运输费、包装费、装卸费、保险费和仓储费等。

(3) 材料在运输途中发生的合理损耗：指购入散装、易碎或易挥发的材料时，在运输途中所产生的定额内合理损耗。

(4) 材料入库之前发生的整理挑选费用：指材料入库前发生的技术性检验及整理挑选

费用，还包括挑选中发生的损耗，并扣除下脚料、废料的价值。

(5) 其他费用：如大宗物资的市内运杂费等。这里需要注意的是，市内零星运杂费、采购人员的差旅费及采购机构的经费等不构成材料的采购成本，而是记入期间费用。

(6) 税费：指按规定应计入材料采购成本的各种税费，如进口材料的关税等。

二、材料按实际成本计价的确认计量

原材料日常的收发确认、计量按照实际成本计价，其特点是从材料的收、发凭证到材料明细分类账和总分类账全部按实际成本计价。其公式为

$$购入材料的实际成本 = 实际买价 + 采购费用$$

(一) 材料采购业务的账户设置

1.“在途物资”账户

“在途物资”账户的性质属于资产类，用来确认、计量企业采用实际成本进行材料、商品等物资的日常确认、计量时货款已付尚未验收入库的各种物资(即在途物资)的采购成本。其借方登记企业购入的在途物资的实际成本；贷方登记验收入库的在途物资的实际成本；期末余额在借方，表示企业在途物资的采购成本。该账户应按物资品种进行明细分类账户的设置。

2.“原材料”账户

“原材料”账户的性质属于资产类，用来确认、计量企业库存材料实际成本的增减变动及其结存情况。其借方登记已验收入库的材料实际成本的增加；贷方登记发出材料的实际成本；期末余额在借方，表示库存材料实际成本的期末结余额。该账户应按材料的保管地点、材料的种类或类别设置明细账户。

3.“应付账款”账户

“应付账款”账户的性质属于负债类，用来确认、计量企业单位因购买材料物资、接受劳务供应而与供应单位发生的结算债务的增减变动及其结余情况。其贷方登记应付供应单位款项(买价、税金和代垫运杂费等)的增加；借方登记应付供应单位款项的减少(即偿还)；期末余额一般在贷方，表示尚未偿还的应付款的结余额。该账户应按供应单位的名称设置明细分类账户。

4.“预付账款”账户

“预付账款”账户的性质属于资产类，用来确认、计量企业按照合同规定向供应单位预付购料款而与供应单位发生的结算债权的增减变动及其结余情况。其借方登记结算债权的增加(即预付款的增加)；贷方登记收到供应单位提供的材料物资而应冲销的预付款债权(即预付款的减少)；期末余额一般在借方，表示尚未结算的预付款的结余额。该账户应按供应单位的名称设置明细分类账户。

5.“应付票据”账户

“应付票据”账户的性质属于负债类，用来确认、计量企业采用商业汇票结算方式而开出、承兑商业汇票的增减变动及其结余情况。其贷方登记企业开出承兑商业汇票的增加；

借方登记到期商业汇票的减少；期末余额在贷方，表示尚未到期的商业汇票的期末结余额。该账户不设置明细账户，但要设置"应付票据备查簿"以登记其具体内容。

6."应缴税费"账户

"应缴税费"账户的性质属于负债类，用来确认、计量企业按税法规定应缴纳的各种税费(包括增值税、消费税、所得税、资源税、土地增值税、城市维护建设税、房产税、土地使用税、车船税、教育费附加、矿产资源补偿费、印花税和耕地占用税等)的计算与实际缴纳情况。其贷方登记计算出的各种应缴而未缴税金的增加；借方登记实际缴纳的各种税金，包括支付的增值税进项税额。期末余额方向不固定，如果在贷方，表示尚未缴纳的税费；如果在借方，表示多缴或尚未抵扣的税费。该账户应按税费项目设置明细账户。

(二) 业务举例

以下例题为先锋公司 2023 年 6 月发生的业务。

【例 5-8】 6 月 1 日，先锋公司从红光工厂购入下列材料：甲材料 5 000 千克，单价 24 元；乙材料 2 000 千克，单价 19 元。增值税税率 13%，全部款项通过银行付清。

首先要计算购入材料的买价和增值税进项税额。甲材料的买价为 120 000 元(24 × 5 000 元)，乙材料的买价为 38 000 元(19 × 2 000 元)，甲、乙两种材料的买价合计 158 000 元，增值税进项税额为 20 540 元(158 000 × 13% 元)。

这项交易或事项的发生，一方面使公司购入甲材料增加 120 000 元、购入乙材料增加 38 000 元、增值税进项税额增加 20 540 元，另一方面使公司的银行存款减少 178 540 元(120 000 + 38 000 + 20 540 元)，涉及"在途物资""应缴税费——应缴增值税(进项税额)""银行存款"三个账户。编制的会计分录如下：

借：在途物资——甲材料	120 000
——乙材料	38 000
应缴税费——应缴增值税(进项税额)	20 540
贷：银行存款	178 540

【例 5-9】 先锋公司用银行存款 7 000 元支付上述购入甲、乙材料的外地运杂费，按照材料的重量比例进行分配。

首先需要对甲、乙材料应共同负担的 7 000 元外地运杂费进行分配：

分配率＝7000÷(5 000 + 2 000)＝1

甲材料负担的采购费用＝1 × 5 000＝5 000 元

乙材料负担的采购费用＝1 × 2 000＝2 000 元

这项交易或事项的发生，一方面使公司的材料采购成本增加 7 000 元(其中甲材料采购成本增加 5 000 元，乙材料采购成本增加 2 000 元)，另一方面使公司的银行存款减少 7 000 元，涉及"在途物资"和"银行存款"两个账户。编制的会计分录如下：

借：在途物资——甲材料	5 000
——乙材料	2 000
贷：银行存款	7 000

【例 5-10】 6 月 5 日，先锋公司从红星工厂购进丙材料 7 200 千克，发票注明的价款为 216 000 元，增值税税额 28 080 元(216 000×13%元)，红星工厂代本公司垫付材料的运杂费 4 000 元。材料已运达企业，账单、发票已收到，但材料价款、税金及运杂费尚未支付。

这项交易或事项的发生，一方面使公司的材料采购支出增加 220 000 元(其中材料买价 216 000 元、运杂费 4 000 元)，另一方面使公司应付供应单位款项增加 248 080 元(220 000+28 080 元)，涉及"在途物资""应缴税费——应缴增值税(进项税额)""应付账款"三个账户。编制的会计分录如下：

借：在途物资——丙材料　　　　　　　　　　　　220 000
　　应缴税费——应缴增值税(进项税额)　　　　　　28 080
　　贷：应付账款——红星工厂　　　　　　　　　　　　248 080

【例 5-11】 先锋公司按照合同规定用银行存款预付给胜利工厂订货款 180 000 元。

这项交易或事项的发生，一方面使公司预付的订货款增加 180 000 元，另一方面使公司的银行存款减少 180 000 元，涉及"预付账款"和"银行存款"两个账户。编制的会计分录如下：

借：预付账款——胜利工厂　　　　　　　　　　　180 000
　　贷：银行存款　　　　　　　　　　　　　　　　　180 000

【例 5-12】 先锋公司收到胜利工厂发运来的、前已预付货款的丙材料，并验收入库。随货物附来的发票注明该批丙材料的价款 420 000 元，增值税进项税额 54 600 元，除冲销原预付款 180 000 元外，不足款项立即用银行存款支付。另发生运杂费 5 000 元，用现金支付。

这项交易或事项的发生，一方面使公司的材料采购支出(丙材料的买价和采购费用)增加 425 000 元(420 000 + 5 000 元)、增值税进项税额增加 54 600 元，另一方面使公司的预付款减少 180 000 元、银行存款减少 294 600 元(420 000 + 54 600 − 180 000 元)、库存现金减少 5 000 元，涉及"在途物资""应缴税费——应缴增值税(进项税额)""预付账款""银行存款""库存现金"五个账户。编制的会计分录如下：

借：在途物资——丙材料　　　　　　　　　　　　425 000
　　应缴税费——应缴增值税 (进项税额)　　　　　　54 600
　　贷：预付账款——胜利工厂　　　　　　　　　　　180 000
　　　　银行存款　　　　　　　　　　　　　　　　294 600
　　　　库存现金　　　　　　　　　　　　　　　　　5 000

【例 5-13】 先锋公司签发并承兑一张商业汇票购入丁材料，该批材料的含税总价款 404 540 元，增值税税率 13%。

这笔交易或事项中出现的是含税总价款 404 540 元，应将其分解为不含税价款和税额两部分：

不含税价款 = 含税价款 ÷ (1 + 税率) = 404 540 ÷ (1 + 13%) = 358 000 元

增值税税额 = 404 540 − 358 000 = 46 540 元

这项交易或事项的发生，一方面使公司的材料采购支出增加 358 000 元、增值税进项税额增加 46 540 元，另一方面使公司的应付票据增加 404 540 元，涉及"在途物资""应交税费——应交增值税(进项税额)""应付票据"三个账户。编制的会计分录如下：

借：在途物资——丁材料　　　　　　　　　　　　358 000

　　应缴税费——应缴增值税(进项税额)　　　　46 540

　　贷：应付票据　　　　　　　　　　　　　　　　404 540

【例5-14】 6月10日，先锋公司签发并承兑一张商业汇票，用以抵付6月5日从红星工厂购入丙材料的价税款和代垫的运杂费。

这项交易或事项的发生，一方面使公司的应付账款减少248 080元，另一方面使公司的应付票据增加248 080元，涉及"应付账款"和"应付票据"两个账户。编制的会计分录如下：

借：应付账款——红星工厂　　　　　　　　　　248 080

　　贷：应付票据　　　　　　　　　　　　　　　　248 080

【例5-15】 先锋公司购入的甲、乙、丙、丁材料已经验收入库，结转各种材料的实际采购成本。

首先计算本月购入的各种材料的实际采购成本：

甲材料实际采购成本 = 120 000 + 5 000 = 125 000 元

乙材料实际采购成本 = 38 000 + 2 000 = 40 000 元

丙材料实际采购成本 = 216 000 + 4 000 + 420 000 + 5 000 = 645 000 元

丁材料实际采购成本 = 358 000 元

这项交易或事项的发生，一方面使公司已验收入库材料的实际采购成本增加1 168 000元(125 000 + 40 000 + 645 000 + 358 000 元)，另一方面使公司的材料采购支出结转1 168 000元，涉及"原材料"和"在途物资"两个账户。编制的会计分录如下：

借：原材料——甲材料　　　　　　　　　　　　125 000

　　　　　——乙材料　　　　　　　　　　　　　40 000

　　　　　——丙材料　　　　　　　　　　　　645 000

　　　　　——丁材料　　　　　　　　　　　　358 000

　　贷：在途物资——甲材料　　　　　　　　　　125 000

　　　　　　　　　——乙材料　　　　　　　　　　40 000

　　　　　　　　　——丙材料　　　　　　　　　645 000

　　　　　　　　　——丁材料　　　　　　　　　358 000

第四节　生产业务的账务处理

企业的主要经济活动是生产符合社会需要的产品，企业为达到生产目的而产生各类耗费的过程即为生产过程。企业为达到生产目的必须准备相应的生产资料，其中包括劳动手段(如生产设备)、劳动对象(如原材料)和劳动力等方面的耗费。此类耗费是企业为获取收入而预先垫支并需要得到补偿的资金耗费，因此生产过程的各类耗费也是形成收入、获取收入的必备条件。

一、生产业务的内容和支出项目的构成

企业在生产经营过程中产生的各类支出项目都以达到生产产品为目的，这些支出对于产品生产制造来说都是为了形成和实现收入。这些在生产过程中发生的、最终需要归集和分配到一定数量的产品上去的货币形式的支出最终会形成制造企业的生产成本。换言之，企业为生产一定数量和品种的产品而进行对象化的生产费用最终形成这些产品的生产成本。由于生产过程中发生费用的目的不尽相同，成本和费用也存在一定的区别。"费用"指在一定的会计期间为维持生产经营活动而发生的各项耗费，费用的发生与会计期间直接相关，因而费用总是与会计期间相互联系，因此费用强调"期间"。在对费用进行确认和计量时被称为"期间费用"。而可以被归为成本的生产耗费则是为了生产产品或提供劳务，此类消耗与其负担者是直接相关的关系，这些由于存在直接关系而能够被"对象化"的生产耗费被称为"生产成本"。

(一) 生产成本

生产中的耗费应当按照计入产品的成本的方式不同分为直接支出和间接支出。直接支出指可以直接分配到产品本身的支出项目，包括企业生产过程当中实际消耗的直接材料和直接人工；间接支出是指企业为了生产产品和提供劳务而发生的无法直接分配到产品本身的各项间接支出，通常被称为"制造费用"。由此按照支出发生的经济用途可以将生产成本分为三个类别。

(1) 直接材料：是指企业在生产产品和提供劳务的过程当中所消耗的直接用于产品生产的、构成产品实体的各种原材料、主要材料、外购的半成品以及有助于产品形成的各种辅助材料等。

(2) 直接人工：是指企业在生产产品或提供劳务的过程当中，直接从事产品生产的工人的工资、津贴、福利费等薪酬内容。

(3) 制造费用：是指企业为生产产品和提供劳务而发生的各项间接费用，这部分费用无法直接分配到各项单个产品本身，需要通过一定的标准和计算分配到各项产品项目。制造费用的构成通常情况下比较复杂，包括生产车间管理人员的薪酬，生产车间的折旧费、修理费、办公费、水电费、机物消耗以及可以预见的损失(例如季节性停工损失)等。

(二) 期间费用

期间费用指与产品生产制造没有直接关联的各项费用，如企业的行政管理部门、销售部门发生的支出等。此类支出不计入产品成本，而列入当期的期间费用处理。期间费用的内容包括管理费用、销售费用和财务费用三个部分。企业行政管理部门为组织生产经营发生的支出列入管理费用确认和计量；销售过程发生的支出列入销售费用确认和计量；企业为筹集生产经营所需资金而发生的各种支出列入财务费用确认和计量。

二、企业生产费用归集和分配的账务处理

(一) 材料费用

产品制造企业通过采购活动采购的各项原材料，经过验收入库之后，形成了生产产品的储备物资。生产产品和领用物资时，就形成了材料费用。完整的材料费用包括直接原材料、主要材料和辅助材料等，既包括产品的组成部分，也包括包装材料等。在领用材料后，需要根据领料凭证区分该批材料的用途、车间和使用部门，分别计入"生产成本""制造费用"和"管理费用"等账户。

1."生产成本"账户

"生产成本"账户属于成本类账户，用来归集和分配企业进行生产所耗费的各类生产费用，并且可以根据该账户的记录准确地计算产品的生产成本。对于领用或消耗的直接作用于某种产品生产的材料费用，应当直接计入"生产成本"账户。"生产成本"账户包括可以直接归入产品本身的直接材料、直接人工以及可以根据一定的标准和方法在期末计入产品生产成本的制造费用。

该账户发生费用时，借方登记计入产品生产成本的各项直接费用，包括直接材料、直接人工以及按照一定标准和方法分配转入产品成本的间接费用；贷方登记已经完成生产的产品和自制半成品等完工验收并入库的，应当结转进入"库存商品"账户的实际生产成本；期末余额在借方。尚未完工的产品的发生成本又被称作在产品成本。

"生产成本"账户需根据确认和计量工作的需要，在本账户下方设置生产成本的二级账户，设置生产成本明细账，按照规定的成本项目设置专栏，如直接材料、直接人工、制造费用等。根据生产成本明细分类计算结果来计算产品成本。

2."制造费用"账户

"制造费用"账户属于成本类账户，用来归集和分配企业生产车间范围内为组织和管理产品的生产活动，包括生产和提供劳务而发生的各项无法被对象化的间接费用。例如，车间内发生的管理人员的薪酬、折旧费、修理费、办公费、水电费、机物料消耗和季节性停工损失等。通常情况下，在期末需根据一定的标准将"制造费用"账户内的金额转入生产成本的具体项目中(季节性生产除外)，期末无余额。

借方登记本会计期间内实际发生的各项间接费用，贷方登记分配转入相关成本对象的间接费用，并转入产品成本。该账户应按照不同车间设置明细账，根据设置的项目专栏，进行明细分类确认和计量。

(二) 人工费用

人工费用指企业生产经营过程当中向员工支付的，企业员工通过企业劳动获得的一定报酬。其中包括短期薪酬、离职后福利、辞退福利、其他长期职工福利等。确认和计量人工费用，首先需通过"应付职工薪酬"账户。在此，将着重介绍生产过程中的职工薪酬部分。

1. "应付职工薪酬"账户

"应付职工薪酬"账户属于负债类账户，用来归集和分配企业支付给职工的各种薪酬，其中包括工资，奖金，津贴和补贴，职工福利费，医疗、养老、失业、工伤、生育等社会保险费，住房公积金，工会经费，职工教育经费，非货币性福利等。该账户发生时，贷方登记企业按规定计算需向员工支付的金额数量，为应付未付的金额；借方登记企业本期实际支付的职工薪酬。若期末该账户存在贷方余额，表示期末仍存在尚未支付的职工薪酬；若期末为借方余额，则表示期末存在多支付的职工薪酬。"应付职工薪酬"账户应当按照职工薪酬的项目设置专栏，进行明细分类确认和计量。

2. 其他项目

人工费用还需根据发生的部门，列入"制造费用""管理费用"和"生产成本"部分。可以归属于产品本身的生产工人的工资转入"生产成本"账户，如按件计酬的生产工人的工资；发生在车间范围内的无法直接分配到产品的车间管理人员工资和福利费等转入"制造费用"账户；发生在企业行政管理部门的人员工资和福利费等(如企业管理人员工资)计入"管理费用"账户；销售人员工资计入"销售费用"账户。

(三)"管理费用"账户

"管理费用"账户属于损益类账户，用以确认和计量企业为组织和管理生产经营活动所发生的各项费用。制造企业的管理费用通常包括：企业的董事会和行政管理部门人员的工资和福利费、办公费、差旅费、水电费、修理费等；不在车间范围内的固定资产折旧费、无形资产摊销费、业务招待费、工会经费、材料库存商品定额内的盘亏以及计提的坏账准备、存货跌价准备等。发生上述费用时，借方登记管理费用的发生额。期末时，应将"管理费用"账户的借方余额归集的全部费用通过登记贷方转入"本年利润"账户中，结转后本账户无余额。"管理费用"账户应当按照规定的费用项目设置专栏，进行明细分类确认和计量，以便日后考核各项费用预算的执行情况。

(四)"财务费用"账户

"财务费用"账户属于损益类账户，用以确认和计量本期为生产经营筹集资金而发生的费用，其中包括利息支出、汇兑损失以及相关金融手续费等。发生上述支出时，借方登记本账户；发生利息收入和汇兑收益时，贷方登记本账户。本账户同"管理费用"账户一样，期末须将归集的全部财务费用转入"本年利润"账户。"财务费用"账户应按照项目设置专栏，用以考核财务费用的发生状况。

(五)"库存商品"账户

"库存商品"账户属于资产类账户，用来确认和计量已经验收入库的可供销售的产成品的成本增减变动以及结存情况。借方登记本账户用来归集已验收入库的产成品的全部生产成本；贷方登记发出的各种产成品的实际生产成本。期末余额在借方。"库存商品"账户应当按照产成品的品种、规格和名称设置分类账户，按照明细分类确认和计量。除了上述账户外，企业的生产过程中还会涉及其他的有关账户，在这里不做过多介绍。

三、相关举例

【例 5-16】 先锋公司根据本期材料汇总表，列示本月仓库发出的 A 材料数据如下：

产品生产耗用：甲产品		20 000 元
乙产品		7 000 元
车间耗用：		6 000 元
管理部门耗用：		3 000 元
小计		36 000 元

领用材料投入生产时，须先在贷方登记"原材料"，表示原材料的减少；并且在借方登记"制造费用"和"管理费用"以表示车间耗用和管理部门耗用的 A 材料数量。编制的会计分录如下：

```
借：生产成本——甲产品          20 000
        ——乙产品           7 000
    制造费用               6 000
    管理费用               3 000
    贷：原材料                     36 000
```

【例 5-17】 根据先锋公司的结算凭证列示，本月应支付的员工工资为 280 000 元，按照员工工资的归属汇总数据如下：

生产工人工资：甲产品		120 000 元
乙产品		100 000 元
车间管理人员工资		30 000 元
企业管理人员工资		30 000 元
小计		280 000 元

工资是企业员工依照合同完成工作内容，企业依法需支付给员工的劳务报酬。工资既作为支付给员工的劳务所得，也构成产品生产经营成本的一部分，因而也是构成产品成本的一部分。根据支付工资的用途和发生部门的不同，分别计入"生产成本"账户、"制造费用"账户和"管理费用"账户，该部分不涉及销售人员工资。编制的会计分录如下：

```
借：生产成本——甲产品          120 000
        ——乙产品          100 000
    制造费用               30 000
    管理费用               30 000
    贷：应付职工薪酬——工资              280 000
```

【例 5-18】 先锋公司从银行取出 280 000 元现金，并且以现金发放全部 280 000 元工资。

编制的会计分录如下：

从银行取现金：

```
借：库存现金                280 000
    贷：银行存款                     280 000
```

支付现金发放工资：

借：应付职工薪酬　　　　　　　　　　　　　　　　　280 000
　　贷：库存现金　　　　　　　　　　　　　　　　　　　280 000

【例 5-19】 根据地方政府的现行规定，企业按照职工工资总额的 10%、12%、2% 和 10.5% 分别计提医疗保险费、养老保险费、失业保险费和住房公积金。企业分别按照职工工资总额的 2% 和 1.5% 计提工会经费和职工教育经费。先锋公司按照 2% 计提职工福利费。

计提的其他薪酬总比例：(10% + 12% + 2% + 10.5% + 2% + 1.5% + 2%) = 40%

甲产品工人：120 000 × 40% = 48 000 元

乙产品工人：100 000 × 40% = 40 000 元

车间管理人员：30 000 × 40% = 12 000 元

企业管理人员：30 000 × 40% = 12 000 元

计提的各单项其他薪酬总额：

职工福利费：280 000 × 2% = 5 600 元

社会保险费：280 000 × (10% + 12% + 2%) = 67 200 元

住房公积金：280 000 × 10.5% = 29 400 元

工会经费：280 000 × 2% = 5 600 元

职工教育经费：280 000 × 1.5% = 4 200 元

编制的会计分录如下：

借：生产成本——甲产品　　　　　　　　　　　　　48 000
　　　　　　　——乙产品　　　　　　　　　　　　　40 000
　　制造费用　　　　　　　　　　　　　　　　　　12 000
　　管理费用　　　　　　　　　　　　　　　　　　12 000
　　贷：应付职工薪酬——社会保险费　　　　　　　　　67 200
　　　　　　　　　　——福利费　　　　　　　　　　　5 600
　　　　　　　　　　——住房公积金　　　　　　　　　29 400
　　　　　　　　　　——工会经费　　　　　　　　　　5 600
　　　　　　　　　　——职工教育经费　　　　　　　　4 200

【例 5-20】 经先锋公司有关部门批准，用现金 10 000 元支付职工困难补助，用于贴补患病职工家属。

该笔支出应当列入"应付职工薪酬"处理，按照二级科目"职工福利费"确认和计量。用现金支付该笔福利费，因而现金账户减少。编制的会计分录如下：

借：应付职工薪酬——职工福利费　　　　　　　　　10 000
　　贷：库存现金　　　　　　　　　　　　　　　　　　10 000

【例 5-21】 先锋公司后勤部门共花费 3 500 元用于采买办公用品和劳动保护用具。其中，车间管理部门的劳动保护用具合计 1 500 元，车间管理部门的办公用品合计 700 元；企业管理部门的劳动保护用具合计 500 元，企业管理部门的办公用品合计 800 元。

归属于车间管理部门的费用合计 2 200(1 500 + 700) 元，归属于企业管理部门的费用合计 1 300(500 + 800) 元。编制的会计分录如下：

借：制造费用　　　　　　　　　　　　　　　　　　2 200
　　管理费用　　　　　　　　　　　　　　　　　　1 300

贷：库存现金　　　　　　　　　　　　　　　　　　　　　3 500

【例 5-22】　先锋公司为了扩大生产规模，向银行贷款用于购建一条新的科技产品生产线。本月需支付银行贷款利息 5 000 元，并支付银行手续费 100 元。贷款利息通过银行存款户开支，银行手续费通过企业库存现金支付。

编制的会计分录如下：

借：财务费用　　　　　　　　　　　　　　　　　　　　　5 100

贷：银行存款　　　　　　　　　　　　　　　　　　　　5 000

库存现金　　　　　　　　　　　　　　　　　　　　100

【例 5-23】　2023 年 1 月末，先锋公司将本月发生的全部制造费用合计 50 200 元已经按照公司成本会计的确认和计量要求，按照一定的标准分配结转计入了"生产成本"账户。

如若有且只有一种产品，则可以将"制造费用"账户金额全数转入"生产成本"项目。如若存在多种分配项目，则必须通过一定的标准和方法，在各产品之间进行分配。

制造费用的分配方法如下：

首先，确认分配标准。可根据生产工人的工时或工资分配，如若工业化程度较高，机器运作比例较大，也可将机器运转工时作为分配标准。

其次，用待分配的制造费用总额除以分配标准的数量合计，算出分配率，即每个分配标准单位需承担的费用数额。

最后，用分配率乘以分配项目的分配标准数量，算出该项目需承担的制造费用的具体金额。

在本案例中，先锋公司共有甲、乙两种产品，因而需要将"制造费用"账户内的 50 200 元按照一定的标准分配后再分别转入甲、乙两种产品。

制造费用的分配具体内容是成本会计的内容，因而在此简要介绍基本的分配方法。

制造费用的分配率 = 待分配的费用总额 ÷ 分配标准的数量合计

单个产品(或部门)应承担的费用金额 = 分配标准数量 × 分配率

假设在此简单地将分配标准设置为生产耗费的工人生产工时，制造费用的分配如表 5-1所示。

表 5-1　先锋公司 2023 年 1 月制造费用分配表

单位：元

分配项目	分配标准(生产工时)	分配率	分配金额(元)
甲产品	6 000	5.02	30 120
乙产品	4 000	5.02	20 080
合计	10 000	5.02	50 200

注：5.02 = 50 200 ÷ 10 000。

编制的会计分录如下：

借：生产成本——甲产品　　　　　　　　　　　　　　　30 120

——乙产品　　　　　　　　　　　　　　　20 080

　　　　贷：制造费用　　　　　　　　　　　　　　　　　　　　50 200

【例5-24】 2023年1月末，先锋公司已经完成本月产品成本结转工作。江南公司所生产的甲产品一共完成1 000件，乙产品尚未完工产品500件，乙产品全部尚未完工。

1 000件甲产品全部转入"库存商品"账户，乙产品归入在产品成本。

计算制造企业的产品制造成本需将成本计算期内的各项发生费用合计，按照产品的品种进行归集和分配。在此基础上，计算出每种产品的生产总成本和单位成本。

产品成本的计算公式为

产品总成本 = 直接材料 + 直接人工 + 制造费用

产品单位成本 = 产品总成本 ÷ 产量

表5-2为先锋公司2023年1月甲产品成本计算单。

表5-2　2023年1月甲产品成本计算单

单位：元

成本项目	总成本	单位成本
直接材料	60 000	60
职工薪酬	12 000	12
分配转入的制造费用	30 120	30.12
合　　计	102 120	102.12

编制的会计分录如下：

　　借：库存商品——甲产品　　　　　　　　　　　　　　　102 120

　　　　贷：生产成本——甲产品　　　　　　　　　　　　　　102 120

剩余的发生的成本项目金额停留在原账户，不转入"库存商品"账户，归属于未完工的乙产品，即为在产品成本。

第五节　销售业务的账务处理

　　销售是企业生产经营活动的最终阶段，是企业产品价值的实现过程，也是形成并确认收入的过程。企业销售业务的内容包括产品销售收入的确认和计量、相关销售费用的计算和确认、相关销售款项的结算等。承接上一个业务阶段，在本阶段，企业还应当如实反映销售商品的实际成本、相关税金及附加、销售费用等。其中，销售费用应当列入期间费用处理。

　　销售业务账务处理的主要内容包括销售收入、成本、税金及附加，销售费用的确认和计量。通过销售业务的账务处理确定企业在本会计期间当期的经营成果。在这一节内容中，需着重理解的是销售过程中的收支确认和计量，即收入的确认和销售成本的计量，最后得出销售商品获得的利润数额。

一、销售业务的内容和项目构成

企业在经过了生产过程之后便进入下一阶段——销售过程。经过生产过程，在企业生产出符合要求的、达到预定可销售状态的产品后，就可以将所生产的产品转入"库存商品"账户，进入销售阶段。销售阶段同时也是制造企业生产经营过程的最后一个阶段。

企业应当按照社会市场需求和行业生产状况，制订符合企业利润要求的销售价格。企业按照销售价款销售商品，收取价款，形成企业的销售收入；在产品生产过程中结转的生产成本，以及销售过程中发生的包括运输、广告、包装、销售部门的佣金和员工工资等内容在内的销售费用，还有按照国家税法规定计算的需缴纳的各种销售过程中的税金都应作为支出项目在销售收入中得到补偿。在从取得的销售收入中扣除上述提及的需补偿的支出部分，即可得出该批商品销售的销售成果，金额为正数即为销售利润，金额为负数则为亏损。用公式表示为

$$销售收入 - 销售支出 = 销售利润(或亏损)$$

企业的销售活动既包括销售商品、自制半成品以及提供劳务等业务外，还包括销售原材料、出租包装物、出租固定资产等行为。此两项业务带来的收入分别被确认为主营业务收入和其他业务收入。本节着重介绍主营业务收支的确认和计量。

二、主营业务收支的账务处理

首先需要初步掌握的是企业销售收入的确认和计量的问题。收入的确认直接关系到企业的经营成果与财务状况可否得到准确计量。根据我国现行收入准则的要求，企业确认和计量收入的判断依据和流程可以分为五个步骤：

第一步，识别与客户订立的合同。

第二步，识别合同中的单项履约义务。

第三步，确定交易价格。

第四步，将交易价格分摊至各单项履约义务。

第五步，履行每一单项义务时确认收入。

具体销售商品的账务处理涉及以下的具体会计账户。

(一)"主营业务收入"账户

"主营业务收入"账户属于损益类账户，用来确认和计量企业销售商品和提供劳务等日常活动中带来的收入。在确认收入时，在贷方登记本账户，表示主营业务收入的增加，即企业销售商品或提供劳务所实现的收入；借方登记本账户用以表示销售收入的退回和销售折让时应当冲减本期的主营业务收入以及期末转入"本年利润"账户的主营业务收入额。本年度主营业务收入转入"本年利润"账户后，本年末无余额。本账户应当根据主营业务的种类设置明细账分类确认和计量。

(二)"应收账款"账户

"应收账款"账户属于资产类账户，用以确认和计量企业因销售商品或提供劳务等而应当向购买方或接受劳务的单位收取的款项。本账户还包括代购货方预先垫付，将来需向

购货方收回的款项。在发生销售行为后取得收取款项的债券时，其中包括应收取的价款、税款和代垫款项。借方登记表示"应收账款"账户金额的增加，即由于销售商品或提供劳务而发生的应收款项；在已经收取应收取的款项时，贷方登记"应收账款"账户，表示应收款项的实现。期末余额可以反映在借贷双方，借方余额表示期末仍然存在未收回的应收款项；期末余额在贷方表示存在预收款项。

(三)"应收票据"账户

"应收票据"账户属于资产类账户，用来确认和计量企业在销售商品或提供劳务时收到的由购买方开具的承兑商业汇票或银行承兑汇票的增减变动和结余情况。借方登记"应收票据"表示企业收到承兑汇票和应收款项的增加；贷方登记表示应收款项的减少，通常为票据到期收回的金额和持未到期票据应当向银行贴现的票面金额。期末余额通常反映在借方，表示企业期末尚有未到期兑换的应收票据。该账户应当设置明细账分类确认和计量。

(四)"合同负债"账户

"合同负债"账户属于负债类账户，用来确认和计量企业已收或应收客户对价而应向客户转让商品的义务。发生款项时，贷方登记本账户，表示预先收取的购货方的货款或购货方补付的货款；借方登记本账户，表示预收款项的减少，即向购货方发生商品实现的货款或退回购货方多付的货款。本账户应当按照购货单位设置明细账分类确认和计量。《企业会计准则第 14 号——收入》(财会〔2017〕22 号)中新增了"合同资产"和"合同负债"的概念，自 2018 年 1 月 1 日起实行。

(五)"主营业务成本"账户

"主营业务成本"账户属于损益类账户，用来确认和计量企业因销售商品和提供劳务而发生的实际成本。在企业的商品销售的过程当中，收入所反映的为销售商品带来的资金流入，"主营业务成本"用于确认和计量销售过程中资金流出项目。资金流出一方面体现为库存商品的减少，另一方面体现为取得收入而垫支的资金，表明企业发生了费用。此类费用通过"主营业务成本"账户确认和计量。当企业结转销售成本时，借方登记本账户，表示已销售商品的成本；贷方登记本账户，表示发生销售退回商品等成本和应当转入"本年利润"的当期销售商品的成本。结转本年利润时，借方登记企业销售商品或提供劳务的实际成本，贷方登记"本年利润"账户。本账户期末无余额。本账户应当按照账户的种类设置明细账以进行分类确认和计量。

(六)"税金及附加"账户

"税金及附加"账户属于损益类账户，用来确认和计量企业在进行日常经营活动时所产生的与特定活动有关，需根据国家法律规定向税务机关缴纳的相应税金及附加款项，如销售商品、持有特定资产或发生特定行为。此类款项包括消费税、城市维护建设税、资源税、教育附加费，以及车船税、房产税、土地使用税和印花税等。此类税款需根据其特定税率确认和计量。

例如，计算消费税的公式为

$$应缴消费税 = 销售金额 \times 消费税税率$$

为了确认和计量企业销售商品及其他应税行为时，需设置"税金及附加"账户。借方登记按照有关计税依据计算出的各种税金及附加额，贷方登记退回和期末转入"本年利润"账户的税金及附加额。经过结转之后，该账户期末无余额。

(七) "销售费用" 账户

"销售费用"属于损益类账户，用来确认和计量发生在商品销售过程中与销售行为相关无法被算作生产成本的费用。"销售费用"账户包括各种广告展览费、包装费、保险费、商品维修费、运输费、装卸费、为销售商品专门设立的部门员工工资及相关津贴、福利费等。发生上述支出项目时，借方登记本账户，贷方登记期末转入"本年利润"账户的数额。期末结转后，本账户期末无余额。"销售费用"应当按照费用项目设置明细账分类确认和计量。

(八) "其他业务收入" 和 "其他业务成本" 账户

企业除了销售商品和提供劳务等日常发生的主营业务活动，还包括销售材料、出租固定资产和无形资产、出租包装物等。此类行为的确认和计量同主营业务活动的非常类似，主要涉及的账户有包括"其他业务收入"和"其他业务成本"账户在内的除了"主营业务收入"和"主营业务支出"的其他相关账户。在本章节中对其他业务活动不作过多介绍。

三、主营业务收支的处理案例

【例 5-25】 先锋公司本月销售 A 产品 1 000 件，每件售价 200 元，增值税 34 000 元，款项收到后存入银行。

该销售事项发生后，先锋公司主营业务带来了资金流入，"主营业务收入"账户增加；产生的增值税销项税额应通过贷方登记"应缴税费——应缴增值税"处理；该笔收入存入银行，"银行存款"账户增加。编制的会计分录如下：

借：银行存款　　　　　　　　　　　　　　234 000
　　贷：主营业务收入——A 产品　　　　　　　200 000
　　　　应缴税费——应缴增值税　　　　　　　 34 000

【例 5-26】 先锋公司本月向幸福公司销售 B 产品 300 个，每个售价 100 元，增值税 5 100 元。商品已发出，款项尚未收到。

该销售事项与【例 5-25】类似，区别在于未能即时收到款项，因而需确认一笔收取款项的债权，通过"应收账款"确认和计量。编制的会计分录如下：

借：应收账款——幸福百货　　　　　　　　 35 100
　　贷：主营业务收入——B 产品　　　　　　　 30 000
　　　　应缴税费——应缴增值税　　　　　　　 5 100

【例 5-27】 先锋公司预先收取晶晶百货购买 C 产品的货款 25 000 元，款项在收取后存入银行。

该笔业务发生时，合同负债和银行存款同时增加，分别记入贷方和借方。编制的会计分录如下：

借：银行存款 25 000
　　贷：合同负债——晶晶百货 25 000

【例5-28】 按照合同规定，先锋公司给晶晶百货公司发出 100 件 C 产品，每件 200 元，价款合计 20 000 元，增值税 3 400 元。余额通过"银行存款"账户划给晶晶百货公司银行存款账户。

合同规定的 100 件 C 产品已经发出，达到收入的确认条件，"主营业务收入"账户增加；增值税 3 400 计入"应缴税费——应缴增值税"的贷方；余额通过银行账户划扣，银行存款减少；预收款项被冲减，借方登记"合同负债"。编制的会计分录如下：

借：合同负债——晶晶百货 25 000
　　贷：主营业务收入——C 产品 20 000
　　　　应缴税费——应缴增值税 3 400
　　　　银行存款 1 600

【例5-29】 先锋公司为生产的 D 产品在某电视台投放广告，向电视台支付广告费用 10 000 元，通过银行存款支付。

该笔 10 000 元的支出的目的是促进先锋公司生产的 D 产品的销售，与生产过程无关，应属于销售费用。编制的会计分录如下：

借：销售费用——广告费 10 000
　　贷：银行存款 10 000

【例5-30】 先锋公司为嘉奖销售部门的员工，向销售部门的员工发放 2 000 元奖励薪金。

销售部门员工工资属于销售费用。编制的会计分录如下：

借：销售费用——员工工资 2 000
　　贷：应付职工薪酬——短期薪酬 2 000

该笔薪金通过库存现金发放。编制的会计分录如下：

借：应付职工薪酬——短期薪酬 2 000
　　贷：库存现金 2 000

【例5-31】 至本月月末，先锋公司共销售 A 产品 1 100 件、B 产品 300 个，其中 A 产品的单位生产成本为 135 元，B 产品的单位生产成本为 60 元。月底结转工作已完成。

工业生产企业应当于每月月末确定本月销售商品的实际生产成本，而后确定本月的主营业务成本。确认主营业务成本公式为

$$主营业务成本 = 单位生产成本 \times 销售数量$$

先锋公司出售本企业生产的产品，"库存商品"账户减少，"主营业务成本"账户增加。

销售 A 产品的主营业务成本：$135 \times 110 = 148\ 500$ 元。

销售 B 产品的主营业务成本：$60 \times 300 = 18\ 000$ 元。

编制的会计分录如下：

借：主营业务成本——A 产品 148 500
　　　　　　　　——B 产品 18 000
　　贷：库存商品——A 产品 148 500
　　　　　　　　——B 产品 18 000

【例5-32】 先锋公司于月末计算出本月应当缴纳的城市维护建设税 3 000 元，教育费

附加 600 元。

为保障充足的城市维护建设资金，国家规定企业需要按一定的税额比例缴纳城市维护建设税；教育费的目的是促进教育事业的发展，计算方式与城市维护建设税相同。其公式为

$$应缴城市维护建设税 = (应缴消费税 + 增值税) \times 城市维护建设税率$$

$$应缴教育费附加 = (应缴消费税 + 增值税) \times 教育费附加税费率$$

上述两项同属于"税金及附加"账户，发生上述款项时，借方登记"税金及附加"，贷方登记"应缴税费"账户。编制的会计分录如下：

借：税金及附加   3 600

  贷：应缴税费——应缴城市维护建设税   3 000

      ——应缴教育费附加   600

第六节　财务成果形成及分配业务的确认计量

企业作为一个以营利为目的的经济组织，其目的就是提高收入，尽可能地降低成本费用，提高企业的盈利水平，增强企业的获利能力。企业的财务成果，即利润或者亏损，是指企业在一定时期内(月、季、年度)从事生产经营活动所取得的收入减去费用后的净额，以及与生产经营活动没有直接关系的营业外收入与支出。

一、利润的构成

利润是指企业在一定会计期间的经营成果。利润包括收入减去费用后的净额、直接计入当期损益的营业外的收入与支出。

(一) 利润总额

企业的利润总额由营业利润和营业外收支净额构成，其公式为

$$利润总额 = 营业利润 + 营业外收支净额$$

其中：

营业利润 = 营业收入 − 营业成本 − 税金及附加 − 销售费用 − 管理费用 −

   财务费用 − 资产减值损失 − 信用减值损失 + 公允价值变动收益 −

   公允价值变动损失 + 投资收益 − 投资损失 + 资产处置收益 −

   资产处置损失 + 其他收益

   营业收入 = 主营业务收入 + 其他业务收入

   营业成本 = 主营业务成本 + 其他业务成本

  营业外收支净额 = 营业外收入 − 营业外支出

资产减值损失是指企业计提各项资产减值准备所形成的损失。

信用减值损失是指企业计提应收账款坏账准备所形成的损失。

公允价值变动收益(或损失)是指企业交易性金融资产等公允价值变动形成的应计入当

期损益的利得(或损失)。

投资收益是指企业对外投资分得的利润或者股利及债券投资的利息收入。

投资损失是指企业转让、出售股票和债券，其收回投资小于投出资金数额的差额。

营业外收入是指与企业生产经营无直接关系的各项收入，包括固定资产盘盈、罚款净收入、接受捐赠等。

营业外支出是指与企业生产经营无直接关系的各项支出，包括固定资产盘亏、非常损失、捐赠支出、罚款支出、公益性捐赠支出等。

营业外收支净额为营业外收入减去营业外支出后的数额。

(二) 净利润的形成

净利润为利润总额减去所得税后的金额，其公式为

$$净利润 = 利润总额 - 所得税费用$$
$$所得税费用 = 应纳税所得额 \times 税率$$

计算出的所得税费用，一方面表明所得税费用增加，应记入"所得税费用"账户借方；另一方面，计算出的所得税未上缴之前，属于企业欠税务机关的款项，应记入"应缴税费"账户贷方。

(三) 利润的分配

根据《中华人民共和国公司法》等有关法规的规定，企业当年实现的净利润，一般应当按照如下顺序进行分配。

(1) 弥补以前年度的亏损。

(2) 提取盈余公积金。

(3) 向投资者分配利润。

(4) 未分配利润。

二、财务成果形成及分配的确认计量中运用的账户

(一) "主营业务收入"账户

主营业务收入是指企业从事本行业生产经营活动所取得的营业收入。"主营业务收入"账户用于确认和计量企业在销售商品、提供劳务等日常活动中所产生的收入。在"主营业务收入"账户下，应按照主营业务的种类设置明细分类账户。本账户属于损益类科目，期末无余额。本账户贷方登记企业取得主营业务收入的数额，借方登记期末结转至"本年利润"账户的主营业务收入的数额。

(二) "主营业务成本"账户

主营业务成本是指企业销售商品、提供劳务等经营性活动所发生的成本。企业一般在确认销售商品、提供劳务等主营业务收入时，或在月末，将已销售商品、已提供劳务的成本转入主营业务成本。企业设置"主营业务成本"科目，按主营业务的种类设置明细分类账户。本账户属于损益类科目，期末无余额。本账户借方登记企业因销售商品、提供劳务或让渡资产使用权

等日常活动而发生的实际成本，贷方登记期末结转至"本年利润"账户的数额。

(三)"其他业务收入"账户

其他业务收入是指各类企业主营业务以外的其他日常活动所取得的收入。"其他业务收入"账户用于确认和计量企业除主营业务收入以外的其他销售或其他业务的收入，如材料销售、代购代销、包装物出租等收入。在"其他业务收入"账户下，应按其他业务的种类设置明细分类账户。本账户属于损益类科目，期末无余额。本账户贷方登记企业取得其他业务收入的数额，借方登记期末结转至"本年利润"账户的其他业务收入的数额。

(四)"其他业务成本"账户

其他业务成本是指企业确认的除主营业务活动以外的其他日常经营活动所发生的支出。其他业务成本包括销售材料的成本、出租固定资产的折旧额、出租无形资产的摊销额、出租包装物的成本或摊销额等。企业设置"其他业务成本"科目，按其他业务的种类设置明细分类账户。本账户属于损益类科目，期末无余额。本账户借方登记企业确认的除主营业务活动以外的其他日常经营活动所发生的支出，贷方登记期末结转至"本年利润"账户的数额。

(五)"营业外收入"账户

营业外收入指与生产经营过程无直接关系，应列入当期利润的收入，是企业财务成果的组成部分。例如，没收包装物押金收入、收回调入职工欠款、罚款净收入等。企业设置"营业外收入"账户，按各种不同的收入设置明细分类账户。本账户属于损益类科目，期末无余额。该账户贷方登记企业发生的营业外收入额，借方登记期末转入"本年利润"账户的数额。

(六)"营业外支出"账户

营业外支出是指除主营业务支出和其他业务支出等以外的各项非营业性支出，如罚款支出、捐赠支出、非常损失等。企业设置"营业外支出"账户，按照"营业外支出"科目支出项目设置明细分类账户。本账户属于损益类科目，期末无余额。本账户借方登记企业发生各项营业外支出的数额，贷方登记期末结转至"本年利润"账户的数额。

(七)"本年利润"账户

本年利润是指企业某个会计年度的净利润(或净亏损)，属于所有者权益类科目。它是由企业利润组成内容计算确定的，是企业从公历年1月份至12月份逐步累计而形成的一个动态指标。"本年利润"账户是一个汇总类账户。其贷方登记企业当期所实现的各项收入，包括主营业务收入、其他业务收入、投资收益、营业外收入等；借方登记企业当期所发生的各项费用与支出，包括主营业务成本、主营业务税金及附加、其他业务支出、营业费用、管理费用、财务费用、投资净损失、营业外支出、所得税等。年终决算时，本账户余额转入"利润分配——未分配利润"账户，结转后本账户无余额。

(八)"利润分配"账户

"利润分配"账户属于所有者权益类账户。设置和运用本账户是为了确认和计量企业利润的分配(或弥补亏损)。本账户借方登记已分配的利润的数额;平时一般没有贷方记录,期末贷方登记弥补的亏损以及全年实现净利润的转销数。本账户年终如有贷方余额,为未分配利润;如有借方余额,则为未弥补的亏损。本账户应按利润分配的种类(提取法定盈余公积、提取任意盈余公积、应付股利、未分配利润等)设置明细账。

(九)"所得税费用"账户

所得税费用是指企业经营利润应缴纳的所得税。"所得税费用"账户用来确认、计量企业企业负担的所得税,是损益类科目,期末无余额。本账户借方登记按会计所得计算应缴纳的企业所得税,贷方登记期末结转至"本年利润"账户的数额。

(十)"盈余公积"账户

盈余公积是指从企业税后利润中提取形成的、存留于企业内部、具有特定用途的收益积累。盈余公积包括法定盈余公积、任意盈余公积。上市公司的法定盈余公积按税后利润的 10%提取,法定盈余公积累计额已达注册资本的 50%时可以不再提取。任意盈余公积是上市公司按照股东大会的决议提取的。企业提取盈余公积时,借记"利润分配"科目,贷记"盈余公积"科目。

【例5-33】 先锋公司向 A 公司销售一批主营产品,成本为 20 000 元,不含税价为 30 000 元,增值税为 3 900 元,款项收到后存入银行。

编制的会计分录如下:

(1) 确认收入。

借:银行存款　　　　　　　　　　　　　　　　33 900
　　贷:主营业务收入　　　　　　　　　　　　30 000
　　　　应缴税费——应缴增值税(销项税额)　　3 900

(2) 结转成本。

借:主营业务成本　　　　　　　　　　　　　　20 000
　　贷:库存商品　　　　　　　　　　　　　　20 000

【例5-34】 先锋公司对外出售一批积压的材料,成本为 10 000 元,不含税价为 20 000 元,增值税为 2 600 元,款项收到后存入银行。

编制的会计分录如下:

(1) 确认收入。

借:银行存款　　　　　　　　　　　　　　　　22 600
　　贷:其他业务收入　　　　　　　　　　　　20 000
　　　　应缴税费——应缴增值税(销项税额)　　600

(2) 结转成本。

借:其他业务成本　　　　　　　　　　　　　　10 000
　　贷:原材料　　　　　　　　　　　　　　　10 000

【例 5-35】 先锋公司收到 B 公司违约金 1 000 元，款项存入银行。

编制的会计分录如下：

借：银行存款　　　　　　　　　　　　　　　　1 000

　　贷：营业外收入　　　　　　　　　　　　　　　　1 000

【例 5-36】 先锋公司在国内爆发"新冠"病毒之后，向红十字会捐赠 100 000 元。

编制的会计分录如下：

借：营业外支出　　　　　　　　　　　　　　　　100 000

　　贷：银行存款　　　　　　　　　　　　　　　　100 000

【例 5-37】 假定先锋公司某月损益类账户资料如下：主营业务收入 300 000 元，主营业务成本 100 000 元，税金及附加 3 000 元，其他业务收入 10 000 元，其他业务成本 5 000 元，销售费用 8 000 元，管理费用 5 000 元，财务费用 2 000 元，营业外收入 5 000 元，营业外支出 1 000 元，将各损益类科目结转至"本年利润"账户。

编制的会计分录如下：

(1) 结转本月收入。

借：主营业务收入　　　　　　　　　　　　　　　300 000

　　其他业务收入　　　　　　　　　　　　　　　　10 000

　　营业外收入　　　　　　　　　　　　　　　　　5 000

　　贷：本年利润　　　　　　　　　　　　　　　　315 000

(2) 结转本月支出。

借：本年利润　　　　　　　　　　　　　　　　　124 000

　　贷：主营业务成本　　　　　　　　　　　　　　100 000

　　　　其他业务成本　　　　　　　　　　　　　　　5 000

　　　　税金及附加　　　　　　　　　　　　　　　　3 000

　　　　销售费用　　　　　　　　　　　　　　　　　8 000

　　　　管理费用　　　　　　　　　　　　　　　　　5 000

　　　　财务费用　　　　　　　　　　　　　　　　　2 000

　　　　营业外支出　　　　　　　　　　　　　　　　1 000

【例 5-38】 先锋公司现行所得税税率为 25%，假定无纳税调整项目，计算本月应缴所得税并结转。

先锋公司利润总额 = 315 000 − 124 000 = 191 000 元

应缴所得税 = 191 000 × 25% = 47 750 元

编制的会计分录如下：

(1) 计提所得税费用。

借：所得税费用　　　　　　　　　　　　　　　　47 750

　　贷：应缴税费——应缴所得税　　　　　　　　　　47 750

(2) 结转所得税费用。

借：本年利润　　　　　　　　　　　　　　　　　47 750

　　贷：所得税费用　　　　　　　　　　　　　　　　47 750

【例 5-39】假定先锋公司本年实现净利润 800 000 元，按净利润的 10% 提取法定盈余公积金，按 5%提取任意盈余公积金，应分配给股东的现金股利为 40 000 元。

编制的会计分录如下：

(1) 结转本年利润。

借：本年利润 　　　　　　　　　　　　　　　　　　　　800 000
　　贷：利润分配——未分配利润 　　　　　　　　　　　　　　　800 000

(2) 提取法定盈余公积金和任意盈余公积金。

$$法定盈余公积金 = 800\ 000 \times 10\% = 80\ 000\ 元$$
$$任意盈余公积金 = 800\ 000 \times 5\% = 40\ 000\ 元$$

借：利润分配——提取法定盈余公积 　　　　　　　　　　80 000
　　　　　　　——提取任意盈余公积 　　　　　　　　　　40 000
　　贷：盈余公积——法定盈余公积 　　　　　　　　　　　　　80 000
　　　　　　　　——任意盈余公积 　　　　　　　　　　　　　40 000

(3) 分配应付股利。

借：利润分配——应付现金股利(应付投资者利润) 　　　　40 000
　　贷：应付股利(应付利润) 　　　　　　　　　　　　　　　　40 000

(4) 结转利润分配账户中的其他明细账户。

借：利润分配——未分配利润 　　　　　　　　　　　　　160 000
　　贷：利润分配——提取法定盈余公积 　　　　　　　　　　　80 000
　　　　　　　　——提取任意盈余公积 　　　　　　　　　　　40 000
　　　　　　　　——应付现金股利(应付利润) 　　　　　　　　40 000

第七节　资金退出企业业务的确认计量

制造业企业除了采购、生产、销售三个经营过程的业务以外，还有资金筹集与资金退出企业的业务。资金退出企业的业务包括缴纳税金、支付利润、归还银行借款和偿还其他单位的应付款项，以及按照法定程序批准退还投资者投入的资本等。

一、缴纳税金业务的确认计量

制造业企业应当按税法的规定，及时足额上缴企业所得税。

【例 5-40】 先锋公司将应缴所得税 40 000 元，以银行存款解缴国库。

编制的会计分录如下：

借：应缴税费——应缴所得税 　　　　　　　　　　　　　40 000
　　贷：银行存款 　　　　　　　　　　　　　　　　　　　　40 000

二、归还银行借款业务的确认计量

企业应当按规定归还银行的借款。

【例 5-41】 先锋公司以银行存款 20 000 元归还银行短期借款 19 000 元，利息 1 000 元(利息已预提)。

编制的会计分录如下：

借：短期借款   19 000

  应付利息   1 000

   贷：银行存款   20 000

三、支付利润业务的确认计量

企业应当按规定计算出应付给投资者的股利，并且如期支付。

【例 5-42】 先锋公司以银行存款支付应付给投资者的现金股利 40 000 元。

编制的会计分录如下：

借：应付股利——应付现金股利   40 000

   贷：银行存款   40 000

四、退还投资款业务的确认计量

投资者投入企业的资本，一般不得随意变动，若因企业营业期届满，或者违反国家法律被依法撤销、宣告破产，则应退回投资者投入的资本；企业经法定程序报经批准减少注册资本的，可以发还部分投资。

【例 5-43】 先锋公司经法定程序批准，发还定向募集内部职工的投资款 200 000 元，用现金支付。

编制的会计分录如下：

借：实收资本   200 000

   货：库存现金   200 000

五、偿还应付款项业务的确认计量

企业在购销过程中形成的应付款项，应遵守规定，及时办理结算，不应拖欠货款。

【例 5-44】 先锋公司以银行存款偿还前欠 A 公司货款 10 000 元。

编制的会计分录如下：

借：应付账款——A 公司   10 000

   贷：银行存款   10 000

案例分析

张某大学毕业后应聘到一家新成立的企业(增值税一般纳税人)做会计。他认为自己是会计专业毕业的，书本上的知识自己都掌握了，只要采用复式记账法并遵循"有借必有贷，借贷必相等"的记账规则，为企业建一套正规的账目是没有问题的，因此他信心十足。下面是这家新企业第一个月所发生的部分交易或事项，张某为每笔交易或事项作了如下会计分录。

(1) 收到客户订购商品的订单，采购本公司产品 25 000 元，所购商品将于下月发出。

编制的会计分录如下：

借：应收账款　　　　　　　　　　　　　25 000
　　贷：主营业务收入　　　　　　　　　　　　　25 000

(2) 企业司机运货途中违章驾驶，支付交通违章罚款 200 元。

编制的会计分录如下：

借：主营业务收入　　　　　　　　　　　200
　　贷：库存现金　　　　　　　　　　　　　　　200

(3) 由于市场原因，该企业产品售价上浮 5%，上浮收入共计 10 000 元，款项已收。

编制的会计分录如下：

借：银行存款　　　　　　　　　　　　　11 300
　　贷：营业外收入　　　　　　　　　　　　　　10 000
　　　　应缴税费——应缴增值税(销项税额)　　1 300

(4) 经董事会决定，同意新股东以 120 万元投资入股，拥有公司 100 万元的股份。

编制的会计分录如下：

借：银行存款　　　　　　　　　　　　　1 200 000
　　贷：实收资本　　　　　　　　　　　　　　　1 200 000

(5) 采购员丁某出差报销差旅费 1 250 元，剩余款项 250 元退回。

编制的会计分录如下：

借：库存现金　　　　　　　　　　　　　250
　　管理费用　　　　　　　　　　　　　1 250
　　贷：银行存款　　　　　　　　　　　　　　　1 500

分析：

张某所编制的会计分录是否正确？如有错误请指出并改正。

实　　　训

◆ **实训目的**

掌握借贷记账法在制造业中的运用。

◆ **实训资料**

先锋公司本月发生下列经济业务：

(1) 收到 A 公司向企业投入资本 500 000 元。

(2) 从 B 公司购入甲材料 20 吨，每吨 300 元，增值税税额 780 元，款项尚未支付。

(3) 从银行取现金 300 000 元，以备发工资。

(4) 以现金 300 000 元发上月职工工资。

(5) 以银行存款 3 000 元支付广告费。

(6) 向 C 公司销售甲产品 10 000 件，每件 200 元，销售乙产品 800，每件 250 元，增值税税额 52 0000 元，货款尚未收到。甲产品单位成本 100 元，乙产品单位成本 120 元。

(7) 以银行存款支付前欠 B 公司货款。

(8) 向 D 公司销售甲产品 2 000 件，每件 200 元，销售乙产品 3 000 件，每件 250 元，增值税税额 149 500 元，款项存入银行。甲产品单位成本 100 元，乙产品单位成本 120 元。

(9) 以银行存款支付行政办公用品费 500 元。

(10) 出售长期积压的乙材料 8 吨，每吨售价 150 元，成本为每吨 100 元，增值税税额 156 元，款项存入银行。

(11) 收到 A 公司违约的罚款 10 000 元，款项存入银行。

(12) 以银行存款向红十字会捐款 10 000 元。

(13) 购买一辆汽车，价款 200 000 元，增值税税额 26 000 元，款项以银行存款支付。

(14) 收到 C 公司的购货款。

(15) 收到国家返还的教育费附加返还款 5 000 元。

(16) 分配本月职工工资：甲产品工人工资 150 000 元，乙产品工人工资 100 000 元，车间管理人员工资 40 000 元，厂部管理人员工资 60 000 元。

(17) 将收入类账户本期发生额结转"本年利润"账户。

(18) 将费用类账户本期发生额结转"本年利润"账户。

(19) 先锋公司现行所得税税率 25%，计算应缴所得税并予以结转。

(20) 按净利润的 10%计提法定盈余公积，净利润的 5%计提任意盈余公积，分配现金投利 30 000 元。

◆ **实训要求**

编制会计分录。

第六章 会计凭证

案例导入

A 公司业务员大飞利用一张字迹模糊、只有小写金额没有大写金额的发票,在金额"914"元前写"1",改为"1 914"元,同时按 1 914 元添加大写金额,顺利进入报销程序。该公司职员刘某作为出差人员入住酒店,每天房间费 398 元,酒店为了招揽回头顾客,填写出差人员授意的价格 598 元。有些管理不规范的公司为了私设小金库伪造财务单据套取现金,以购买年终奖品为名,编造假发票,套取现金单独存放,用于想当然支出。再比如 B 造纸厂按规定应列支年度业务招待费 78 万元,但到当年 7 月底招待费实际支出额已达 66 万元,为了使年度招待费不超过 78 万元,厂领导和相关人员便商定,以购进零星材料为名套取现金,用于业务招待费支出。随后,从工厂搞来一张空白发票,自己编造了有关数据,填入空白发票,共计 46 万元,会计人员依照伪造的发票编制了如下会计分录"借:原材料 贷:库存现金",并进行了相关的会计处理,套取现金 46 万元,专门用于压缩业务招待费超支。

思考:

会计凭证是登记账簿、进行会计监督的重要依据。虚假会计凭证是会计信息不真实的基本构成因素。那么,虚假会计凭证的背后隐藏着什么问题?虚假会计凭证是否会损害国家财经法律法规,扰乱社会经济秩序?是否会破坏市场运行机制,侵犯公司、债权人、顾客及雇员的合法权益,使其蒙受经济损失?

第一节 会计凭证概述

一、会计凭证的概念与作用

(一) 会计凭证的概念

会计凭证是记录交易或事项发生或完成情况的书面证明,也是登记账簿的依据。合法取得、正确填制和审核会计凭证是会计确认的基本技能之一。

(二) 会计凭证的作用

会计凭证的作用体现在以下三个方面。

(1) 记录交易或事项，提供记账依据。

会计工作在本质上是对单位的财产权利和义务等法律关系及其变动进行分类统计。为确保会计信息的公益性和公信力，保证其具备法律上的证明力，应当要求单位的记账行为必须具备凭证的支持。《中华人民共和国会计法》第九条规定：各单位必须根据实际发生的经济业务事项进行会计核算，填制会计凭证，登记会计账簿，编制财务会计报告。任何单位不得以虚假的经济业务或者资料进行会计核算。《会计基础工作规范》规定，除结账和更正错误的记账凭证可以不附原始凭证外，其他记账凭证必须附有原始凭证。

(2) 明确经济责任，强化内部控制。

会计凭证有助于明确单位各管理层级的职责，有助于强化单位内部管理制度。会计凭证的流转顺序是单位内部控制流程的生动体现。

(3) 监督经济活动，控制经济运行。

会计凭证对于国民经济管理具有重要意义，国家对宏观经济的调控、对产业或行业发展的指引都离不开会计信息的支持。

二、会计凭证的种类

会计凭证按照填制程序和用途可分为原始凭证和记账凭证。

(一) 原始凭证

原始凭证，是指在交易或事项发生或完成时，取得或填制的用以记录或证明交易或事项的发生或完成情况的原始凭据。

(二) 记账凭证

记账凭证，又称记账凭单，是指会计人员根据审核无误的原始凭证，按照交易或事项的内容加以归类，并据以确定会计分录后所填制的会计凭证，其可作为登记账簿的直接依据。

第二节 原 始 凭 证

一、原始凭证的种类

原始凭证依据不同的分类方法，有如下分类。

(一) 按取得来源分类

原始凭证按照取得来源进行分类，可分为自制原始凭证和外来原始凭证。

1. 自制原始凭证

自制原始凭证是指由本单位有关部门和人员在执行或完成某项交易或事项时填制的,仅供本单位内部使用的原始凭证,如借款借据(见图 6-1)、差旅费用报销单(见图 6-2)等。

借 款 单 编号:_____

资金性质:_____ 年 月 日

部门	
项目名称	预算科目
借款理由	
借款金额	人民币(大写)
	¥
领导批示	财务主管

部门主管　　会计　　出纳　　领款人

付款凭证联借款时财务做账

（结算凭证联 还款时给财务做账）

编号:	
姓名:	
日期:	
金额:	
用途:	
核销金额	
交回金额	
尚欠金额	
会计	
领款人	

盖销缝章处

（结算回执联 还款时给借款人）

编号:	
姓名:	
日期:	
金额:	
用途:	
核销金额	
交回金额	
尚欠金额	
会计	
领款人	

图 6-1　自制原始凭证示意图(借款借据)

差旅费用报销单

报销日期:　　　年　　月　　日　　　编号:_____

部门:_____

出差人			出差事由		项目名称		
出发			到达		交通	出差补助	其他费用金额

月	日	时	地点	月	日	时	地点	人数	工具	金额	天数	补助标准	金额	住宿费用	市内交通		合计
			合计								——						

报销总额	人民币(大写)	预借金额 ¥
		退/补金额 ¥

附单据张数合计（对应上方的项目）	城际交通:	其他:

领导批示　　部门主管　　财务主管　　会计　　出纳　　领款人

图 6-2　自制原始凭证示意图(差旅费用报销单)

2. 外来原始凭证

外来原始凭证是指在交易或事项发生或完成时,从其他单位或个人直接取得的原始凭证(如发票、火车票等)。

图 6-3 为销货单位开给购货单位的普通发票，图 6-4 为销货单位开给购货单位的增值税专用发票，这两种发票的样式为机打发票，需要通过防伪税控系统开具。

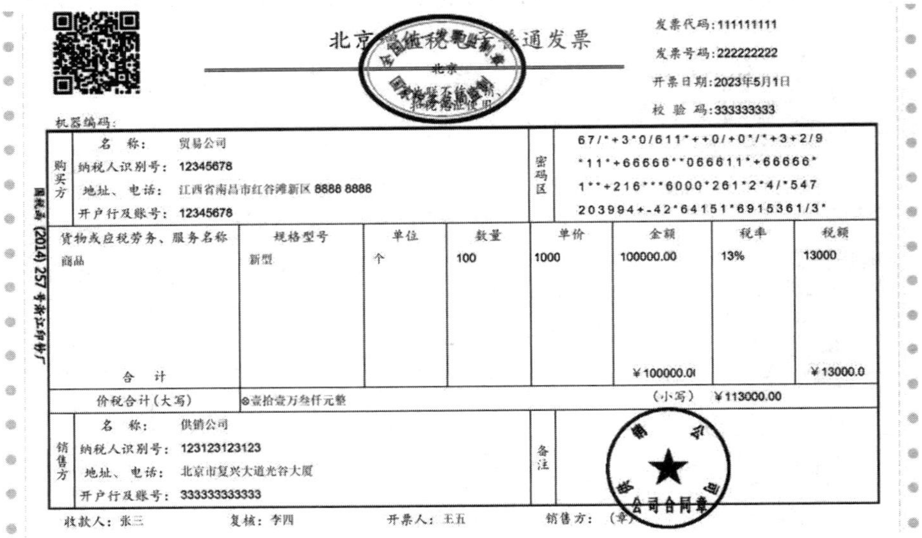

图 6-3　普通发票(机打发票)

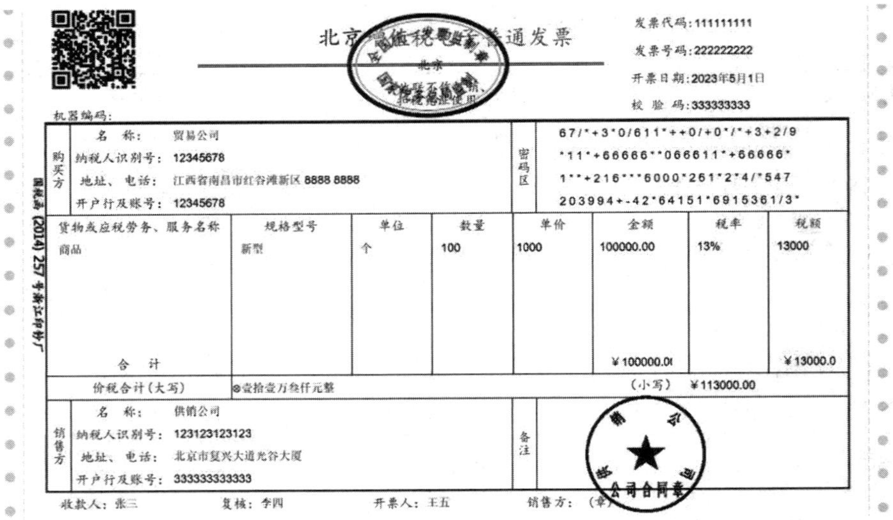

图 6-4　增值税专用发票(机打发票)

(二) 按照格式分类

原始凭证按照格式的不同进行分类，可分为通用凭证和专用凭证。

1. 通用凭证

通用凭证是指由有关部门统一印制、在一定范围内使用的具有统一格式和使用方法的原始凭证(如发票)。

2. 专用凭证

专用凭证(非通用凭证)是指由单位自行印制、仅在本单位内部使用的原始凭证(如材料领用单、借据、差旅费报销单等)。

(三) 按填制手续和内容分类

原始凭证按照填制手续和内容进行分类，可分为一次凭证、累计凭证和汇总凭证。这主要是针对自制原始凭证而言的。

1. 一次凭证

一次凭证是指一次填制完成，只记录一笔交易或事项且仅一次有效的原始凭证。入库单和提货单是比较典型的一次凭证。

入库单是单位的仓库管理人员根据原材料入库的实际情况填制的验收证明，一般设三个联次：一联作为仓库存根，据以登记材料物资明细账和材料卡片；一联作为采购业务的记账凭证的附件；一联交给采购部门存查。入库单如图 6-5 所示。

入库单　　　No

品名/牌号	订单号	规格	数量	单位	备注

送货厂商：
物料类别：☐ 原材料　☐ 成品　☐ 其他　　　年　月　日

第一联存根

主管：　　　品管：　　　仓库：　　　送货人：

图6-5　入库单

提货单又称发货单、出库单，是销货单位的销售部门通知仓库管理部门发货的出库证明，一般设三个联次：一联交给采购方作为提货证明；一联作为销售业务的记账凭证的附件；一联为仓库存根，用以仓库管理的备查档案。出库单如图 6-6 所示。

出库单　　　No.

编号	品名	规格	单位	数量	单价	金额	备注
			合　计				

购货单位：　　　　　年　月　日

第二联记账联

仓库主管：　　　记账：　　　保管：　　　经手人：　　　制单：

图6-6　出库单

2. 累计凭证

累计凭证是指在一定时期内多次记录发生的同类型交易或事项且多次有效的原始凭证。其特点是：在一张凭证内可以连续登记相同性质的交易或事项，随时结出累计数及结余数，并按照费用限额进行费用控制，期末按实际发生额记账。累计凭证是多次有效的原始凭证。

限额领料单是典型的累计凭证，如图 6-7 所示。在有效期内(一般为一个月)，只要领用数量不超过限额就可以连续使用。在管理实践中，材料的定额标准一般由单位的计划管理部门和会计管理部门共同确定。

限额领料单

领料部门：　　　　　　　　　　　　领料编号： 领料用途：　　年　　月　　日　　发料仓库：								
材料类别	材料编号	材料名称及规格	计量单位	领用限额	实际领用	单价	金额	备注

供应部门负责人：　　　　生产计划部门负责人：								
日期	领用				退料			限额 结余
	请领	实发	发料人	领料人	退料	退料人	收料人	

图 6-7　限额领料单

累计凭证不仅能够起到控制资产的作用，还能减少原始凭证的数量和简化填制凭证的手续。

3. 汇总凭证

汇总凭证是指对一定时期内反映交易或事项内容相同的若干张原始凭证，按照一定标准综合填制的凭证。

发料凭证汇总表是典型的汇总凭证，如图 6-8 所示。负责材料管理的会计人员一般按月汇总，每月编制一份发料凭证汇总表交给记账人员进行账务处理。

发料凭证汇总表

年　　月份

用途		材料分别				合计
		原材料及主要材料	辅助材料	燃料	低值易燃品	
产品生产	A					
	B					
车间部门一般耗用						
销售部门一般耗用						
管理部门一般耗用						

图 6-8　发料凭证汇总表

二、原始凭证的基本内容

原始凭证的格式和内容因交易或事项和经营管理的要求不同而有所差异，但应当具备以下基本内容(也称为原始凭证要素)：① 凭证的名称；② 填制凭证的日期；③ 填制凭证的单位名称或者填制人姓名；④ 经办人员的签名或者盖章；⑤ 接受凭证的单位名称；⑥ 交易或事项内容；⑦ 数量、单价和金额。

三、原始凭证的填制要求

(一) 原始凭证填制的一般要求

原始凭证的填制必须符合下列要求：① 记录真实；② 内容完整；③ 手续完备；④ 书写清楚、规范；⑤ 连续编号；⑥ 不得涂改、刮擦、挖补；⑦ 填制及时。

(二) 自制原始凭证的填制要求

不同的自制原始凭证，填制要求也有所不同。

1. 一次凭证的填制

一次凭证应在交易或事项发生或完成时，由相关业务人员一次填制完成。该凭证往往只能反映一项交易或事项，或者同时反映若干项同一性质的交易或事项。

2. 累计凭证的填制

累计凭证应在每次交易或事项完成时，由相关人员在同一张凭证上重复填制完成。该凭证能在一定时期内不断重复地反映同类交易或事项的完成情况。

3. 汇总凭证的填制

汇总凭证应由相关人员在汇总一定时期内反映同类交易或事项的原始凭证后填制完成。该凭证只能将类型相同的交易或事项进行汇总，不能汇总两类或两类以上的交易或事项。

(三) 外来原始凭证的填制要求

外来原始凭证应在企业与外单位发生交易或事项时，由外单位的相关人员填制完成。外来原始凭证一般由税务局等部门统一印制，或经税务部门批准由经营单位印制，在填制时加盖出具凭证的单位公章方为有效。对于一式多联的原始凭证必须用复写纸套写或打印机套打。

(四) 会计凭证中金额的填制要求

根据《会计基础工作规范》的规定，填制会计凭证，字迹必须清晰、工整，并符合下列要求：

(1) 阿拉伯数字应当一个一个地写，不得连笔写。阿拉伯金额数字前面应当书写货币币种符号或者货币名称简写和币种符号。币种符号与阿拉伯金额数字之间不得留有空白。凡阿拉伯数字前写有币种符号的，数字后面不再写货币单位。

(2) 所有以元为单位(其他货币种类为货币基本单位，下同)的阿拉伯数字，除表示单价等情况外,一律填写到角分;无角分的,角位和分位可写"00",或者符号"——";有角元分的,分位应当写"0",不得用特殊符号"——"代替。

(3) 汉字大写数字金额如零、壹、贰、叁、肆、伍、陆、柒、捌、玖、拾、佰、仟、万、亿等,一律用正楷或者行书体书写,不得用〇、一、二、三、四、五、六、七、八、九、十等简化字代替,不得任意自造简化字。大写金额数字到元或者角为止的,在"元"或者"角"字之后应当写"整"字或者"正"字;大写金额数字有分的,"分"字后面不写"整"或者"正"字。

(4) 大写金额数字前未印有货币名称的,应当加填货币名称,货币名称与金额数字之间不得留有空白。

(5) 阿拉伯金额数字中间有"0"时,汉字大写金额要写"零"字;阿拉伯数字金额中间连续有几个"0"时,汉字大写金额中可以只写一个"零"字;阿拉伯金额数字元位是"0"或者数字中间连续有几个"0"、元位也是"0"但角位不是"0"时,汉字大写金额可以只写一个"零"字,也可以不写"零"字。

四、原始凭证的审核

会计机构必须对原始凭证进行审核,并根据经过审核的原始凭证编制记账凭证。

为了如实反映交易或事项的发生和完成情况,充分发挥会计的监督职能,保证会计信息的真实、合法、完整和准确,会计人员必须对原始凭证进行严格审核。会计机构、会计人员对不真实、不合法的原始凭证有权不予接受,并向单位负责人报告;对记载不准确、不完整的原始凭证有权予以退回,并要求其按照国家统一的会计制度的规定更正、补充。

审核的内容主要包括:① 审核原始凭证的真实性;② 审核原始凭证的合法性;③ 审核原始凭证的合理性;④ 审核原始凭证的完整性;⑤ 审核原始凭证的正确性;⑥ 审核原始凭证的及时性。

从外单位取得的原始凭证,必须盖有填制单位的公章;从个人取得的原始凭证,必须有填制人员的签名或者盖章。自制原始凭证必须有经办单位领导或者其指定的人员签名或者盖章。对外开出的原始凭证,必须加盖本单位公章。

凡填有大写和小写金额的原始凭证,大写与小写金额必须相符。购买实物的原始凭证,必须有验收证明。支付款项的原始凭证,必须有收款单位和收款人的收款证明。

一式几联的原始凭证,应当注明各联的用途,只能以一联作为报销凭证。一式几联的发票和收据,必须用双面复写纸(发票和收据本身具备复写纸功能的除外)套写,并连续编号。作废时应当加盖"作废"戳记,连同存根一起保存,不得撕毁。

发生销货退回的,除填制退货发票外,还必须有退货验收证明;退款时,必须取得对方的收款收据或者汇款银行的凭证,不得以退货发票代替收据。

职工公出借款凭据,必须附在记账凭证之后。收回借款时,应当另开收据者退还借据副本,不得退还原借款收据。

经上级有关部门批准的交易或事项,应当将批准文件作为原始凭证附件。如果批准文件需要单独归档,则应当在凭证上注明批准机关名称、日期和文件字号。

第三节 记 账 凭 证

一、记账凭证的种类

记账凭证可按不同标准进行分类。按照用途可分为专用记账凭证和通用记账凭证；按照填列方式可分为单式记账凭证和复式记账凭证。

(一) 按凭证的用途分类

会计机构、会计人员要根据审核无误的原始凭证填制记账凭证。记账凭证可以使用专用记账凭证，也可以使用通用记账凭证。

1. 专用记账凭证

专用记账凭证是指分类反映交易或事项的记账凭证。按其反映交易或事项的内容，可分为收款凭证、付款凭证和转账凭证。

1) 收款凭证

收款凭证是指用于记录现金和银行存款收款业务的记账凭证。此凭证已经在左上角锁定借方科目，在实务工作中，会计人员只需打"√"即可选定借方科目，且只需要填写应贷记的科目(如图 6-9 所示)。

收 款 凭 证

			字第	号

图 6-9 收款凭证示意图

2) 付款凭证

付款凭证是指用于记录现金和银行存款付款业务的记账凭证。此凭证已经在左上角锁定贷方科目，会计人员只需打"√"即可选定贷方科目，且只需要填写应借记的科目(如图 6-10 所示)。

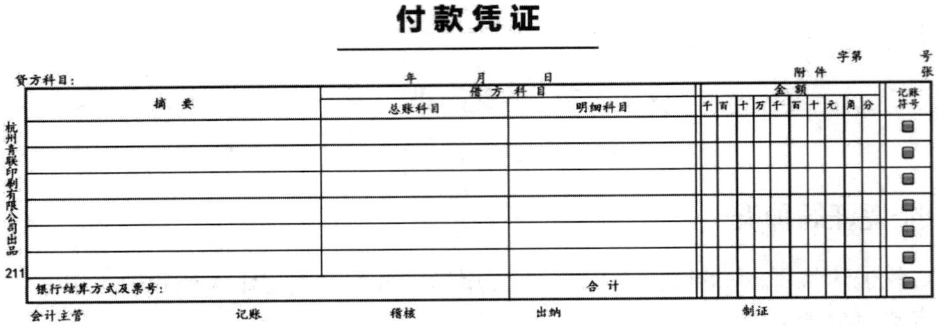

付款凭证

图 6-10 付款凭证示意图

出纳人员根据收款凭证收款或根据付款凭证付款后，为避免重收重付，应在收款凭证上加盖"收讫"戳记或在付款凭证上加盖"付讫"戳记。

3) 转账凭证

转账凭证是指不涉及现金和银行存款的记账凭证。会计人员填写应借记和应贷记的科目(如图 6-11 所示)。

转账凭证

图 6-11 转账凭证示意图

2. 通用记账凭证

通用记账凭证是指用来反映所有交易或事项的记账凭证，为各类交易或事项所共同使用，其格式与转账凭证相同，会计人员填写应借记和应贷记的科目(如图 6-12 所示)。

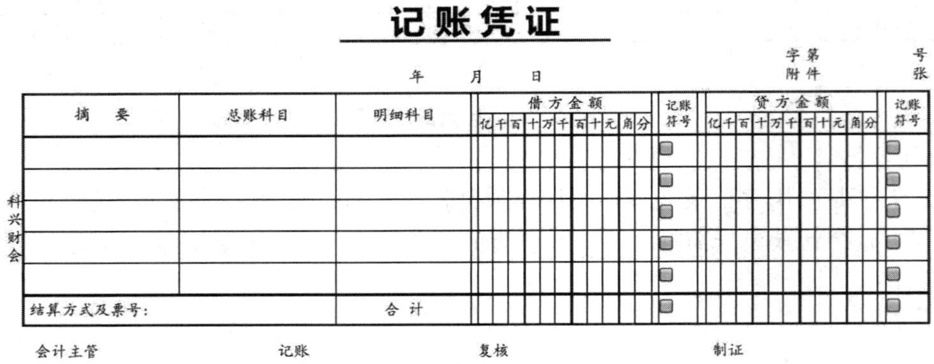

记账凭证

图 6-12 通用记账凭证示意图

(二) 按凭证的填列方式分类

1. 单式记账凭证

单式记账凭证是指每一张记账凭证只填列交易或事项所涉及的一个会计科目及其金额的记账凭证，填列借方科目的称为借项记账凭证，填列贷方科目的称为贷项记账凭证。单式记账凭证在实践中较为少见且多有不便。

2. 复式记账凭证

复式记账凭证是指将每一笔交易或事项所涉及的全部科目及其发生额均在同一张记账凭证中反映的一种凭证。

二、记账凭证的填制要求及其审核

记账凭证是登记账簿的依据，因其所反映交易或事项的内容不同、各单位规模大小及其对会计确认和计量繁简程度的要求不同，其内容有所差异，但应当具备以下基本内容：① 填制凭证的日期；② 凭证编号；③ 交易或事项摘要；④ 会计科目；⑤ 金额；⑥ 所附原始凭证张数；⑦ 填制凭证人员、稽核人员、记账人员、会计机构负责人、会计主管人员签名或者盖章。收款和付款记账凭证还应当由出纳人员签名或者盖章。以自制的原始凭证或者原始凭证汇总表代替记账凭证的，也必须具备记账凭证应有的项目。

记账凭证根据审核无误的原始凭证或原始凭证汇总表填制。记账凭证的填制正确与否，直接影响整个会计系统最终提供信息的质量。与原始凭证的填制相同，记账凭证也有记录真实、内容完整、手续齐全、填制及时等要求。

(一) 记账凭证的填制要求

《会计基础工作规范》规定了记账凭证填制的基本要求：填制记账凭证时，应当对记账凭证进行连续编号。一笔交易或事项需要填制两张以上记账凭证的，可以采用分数编号法编号。

若一笔交易或事项涉及的会计科目较多，需填制多张会计凭证的，可以采用"分数编号法"，也可以采用"连续编号法"。一笔交易或事项需要编制多张记账凭证时，采用"分数编号法"。例如，某项交易或事项需要编制三张转账凭证，而该凭证的顺序号为 7 时，编号为 $7\frac{1}{3}$，$7\frac{2}{3}$，$7\frac{3}{3}$。

记账凭证可以根据每一张原始凭证填制，或者根据若干张同类原始凭证汇总填制，也可以根据原始凭证汇总表填制，但不得将不同内容和类别的原始凭证汇总填制在一张记账凭证上。

除结账和更正错误的记账凭证可以不附原始凭证外，其他记账凭证必须附有原始凭证。如果一张原始凭证涉及几张记账凭证，可以把原始凭证附在一张主要的记账凭证后面，并在其他记账凭证上注明附有该原始凭证的记账凭证的编号或者附原始凭证复印件。一张原始凭证所列支出需要几个单位共同负担的，应当将其他单位负担的部分开给对方原始凭证分割单进行结算。原始凭证分割单必须具备原始凭证的基本内容：凭证名称、填制凭证日期、填制凭证单位名称或者填制人姓名、经办人的签名或者盖章、接受凭证单位名称、交易或事项内容、数量、单价、金额和费用分摊情况等。

如果在填制记账凭证时发生错误，应当重新填制。已经登记入账的记账凭证，在当年内发现填写错误时，可以用红字填写一张与原内容相同的记账凭证，在摘要栏注明"注销某月某日某号凭证"字样，同时再用蓝字重新填制一张正确的记账凭证，注明"订正某月某日某号凭证"字样。如果会计科目没有错误，只是金额错误，也可以将正确数字与错误数字之间的差额，另填制一张调整的记账凭证，调增金额用蓝字，调减金额用红字。发现以前年度记账凭证有错误的，应当用蓝字填制一张更正的记账凭证。

记账凭证填制完交易或事项后，如有空行，应当自金额栏最后一笔金额数字下的空行处至合计数上的空行处画线注销。

1. 收款凭证的填制要求

收款凭证左上角的"借方科目"应按收款的性质填写"库存现金"或"银行存款"；日期填写的是填制本凭证的日期；右上角填写填制收款凭证的顺序号；"摘要"填写对所记录的交易或事项的简要说明；"贷方科目"填写与收入"库存现金"或"银行存款"相对应的会计科目；"记账"是指该凭证已登记账簿的标记，防止交易或事项重记或漏记；"金额"是指该项交易或事项的发生额；该凭证右边"附件×张"是指该记账凭证所附原始凭证的张数；最下边分别由有关人员签章，以明确经济责任。

2. 付款凭证的填制要求

付款凭证是根据审核无误的有关库存现金和银行存款的付款业务的原始凭证填制的。付款凭证的填制方法与收款凭证基本相同，不同的是在付款凭证的左上角应填列贷方科目，即"库存现金"或"银行存款"科目，"借方科目"栏应填写与"库存现金"或"银行存款"相对应的一级科目和明细科目。

对于涉及"库存现金"和"银行存款"之间的相互划转业务，为了避免重复记账，一般只填制付款凭证，不再填制收款凭证。

出纳人员在办理收款或付款业务后，应在原始凭证上加盖"收讫"或"付讫"的戳记，以免重收或重付。

3. 转账凭证的填制要求

转账凭证通常是根据有关转账业务的原始凭证填制的。转账凭证中"总账科目"和"明细科目"栏填写应借、应贷的总账科目和明细科目，借方科目应记金额在同一行的"借方金额"栏填列，贷方科目应记金额在同一行的"贷方金额"栏填列，"借方金额"栏合计数与"贷方金额"栏合计数应相等。

此外，某些既涉及收款业务，又涉及转账业务的综合性业务，可分开填制不同类型的记账凭证。

(二) 记账凭证的审核

为了保证会计信息的质量，在记账之前应由有关稽核人员对记账凭证进行严格审核，审核的内容主要包括：① 内容是否真实；② 项目是否齐全；③ 科目是否正确；④ 金额是否正确；⑤ 书写是否规范；⑥ 手续是否完备。

记账管理的具体审核可通过图 6-13 表示。

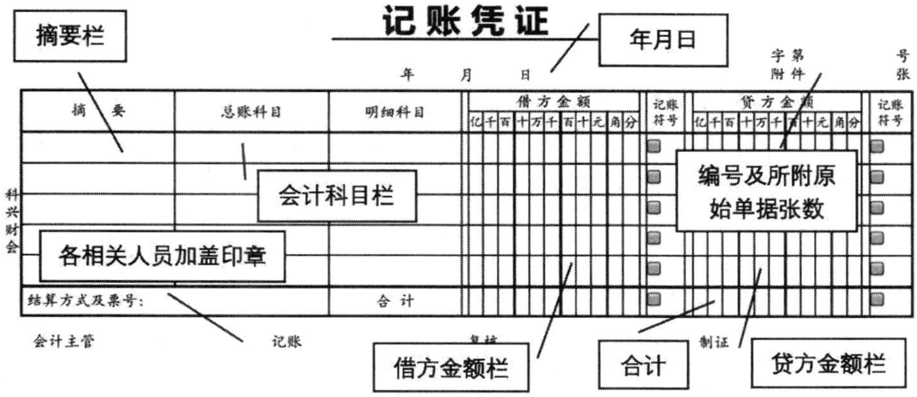

图 6-13　记账凭证的审核

第四节　会计凭证的传递与保管

一、会计凭证的传递

　　会计凭证的传递是指从会计凭证的取得或填制时起至归档保管过程中，在单位内部有关部门和人员之间的传送程序。会计凭证的传递应当满足内部控制制度的要求，使传递程序合理有效，同时尽量节约传递时间，减少传递的工作量。各单位应根据具体情况确定每一种会计凭证的传递程序和方法。

　　会计凭证的传递具体包括传递程序和传递时间。各单位应根据交易或事项特点、内部机构设置、人员分工和管理要求，具体规定各种凭证的传递程序；根据有关部门和经办人员办理业务的情况，确定凭证的传递时间。

二、会计凭证的保管

　　会计凭证的保管是指会计凭证记账后的整理、装订、归档和存查工作。会计凭证作为记账的依据，是重要的会计档案和经济资料。任何单位在完成交易或事项手续和记账后，必须将会计凭证按规定立卷归档，形成会计档案资料，妥善保管，以便日后随时查阅。会计凭证保管的要求如下：

　　(1) 会计凭证应定期装订成册，防止散失。会计部门在依据会计凭证记账后，应定期(每天、每月)对各种会计凭证进行分类整理，将各种记账凭证按照编号顺序，连同所附的原始凭证一起加具封面和封底，装订成册，并在装订线上加贴封签，由装订人员在装订线封签处签名或盖章。

　　从外单位取得的原始凭证遗失时，应取得原签发单位盖有公章的证明，并注明原始凭证的号码、金额、内容等，由经办单位会计机构负责人(会计主管人员)和单位负责人批准后，才能代作原始凭证。若确实无法取得证明的，如车票丢失，则应由当事人写明详细情况，由经办单位会计机构负责人(会计主管人员)和单位负责人批准后，代作原始凭证。

(2) 会计凭证封面应注明单位名称、凭证种类、凭证张数、起止号数、年度、月份、会计主管人员和装订人员等有关事项，会计主管人员和保管人员应在封面上签章。

(3) 会计凭证应加贴封条，防止抽换凭证。原始凭证不得外借，其他单位如有特殊原因确实需要使用时，经本单位会计机构负责人、会计主管人员批准，可以复制。向外单位提供的原始凭证复制件，应在专设的登记簿上登记，并由提供人员和收取人员共同签名、盖章。

(4) 原始凭证较多时，可单独装订，但应在凭证封面注明所属记账凭证的日期、编号和种类，同时在所属的记账凭证上注明"附件另订"及原始凭证的名称、编号，以便查阅。

对各种重要的原始凭证，如押金收据、提货单等，以及各种需要随时查阅和退回的单据，应另编目录，单独保管，并在有关的记账凭证和原始凭证上分别注明日期和编号。

(5) 每年装订成册的会计凭证，在年度终了时可暂由单位会计机构保管一年，期满后应当移交本单位档案机构统一保管；未设立档案机构的，应在会计机构内部指定专人保管。出纳人员不得兼管会计档案。

(6) 严格遵守会计凭证的保管期限要求，期满前不得任意销毁。

案例分析

振兴公司的业务员胡某公出购货，向财务科借款 2 000 元，出具借款收据。胡某公出购货过程中，向蓝田公司购货一批，取得盖有蓝田公司公章的发票一张，后发现该发票记载的货物型号有错误。另外，在其购买一笔自用物品时，示意营业员开具办公用品发票，回单位后，胡某持该办公用品发票到振兴公司财务科报销，会计人员在没有实物验收的情况下予以报销。此外，胡某公出的火车票遗失，无法取得证明。

分析：

(1) 振兴公司向胡某收回借款时，正确的做法应该是什么？

(2) 胡某向蓝田公司购货一批，取得盖有蓝田公司公章的发票一张，蓝田公司的公章应该是业务公章、财务专用章、发票章，还是结算专用章？

(3) 对蓝田公司出具的记载货物型号有错误的发票，正确的处理方法应该是什么？

(4) 胡某购买自用物品，示意营业员开具办公用品发票，并到单位财务科报销的行为是否合理合规？

(5) 对胡某公出的火车票遗失而无法取得证明的事项，应该如何处理？

实 训

◆ **实训目的**

掌握原始凭证与记账凭证的填制方法。

◆ **实训资料**

先锋公司 2022 年 12 月发生了下列交易或事项：

(1) 12 月 18 日，公司副总张某出差，向财务部门借现金 5 000 元。

(2) 12 月 31 日，向广州永乐商场销售小明机器人 1 号 900 件(2 000 元/件)、小明机器人

2 号 700 件(1 800 元/件)，增值税税率为 13%。收到永乐商场签发的转账支票一张，货款已收到。

(3) 12 月 31 日，出差归来的张某到财务部门报销差旅费，带回往返机票，合计 2 460 元，一张 1 590 元(2 天，750 元/天，增值税 90 元，税率 6%)的广州住宿发票，财务在报销时按规定给予交通补助 240 元(80 元 × 3 天)，餐饮补助 300 元(100 元 × 3 天)，差旅费合计 4 590 元，退回现金 410 元。

(4) 12 月 31 日，开出转账支票一张，金额为 380 000 元，委托银行将工资打入每位员工的工资卡。

◆ **实训要求**

填制原始凭证与记账凭证。

第 1 笔业务：出差借款。

(1) 原始凭证。借款单见图 6-14。

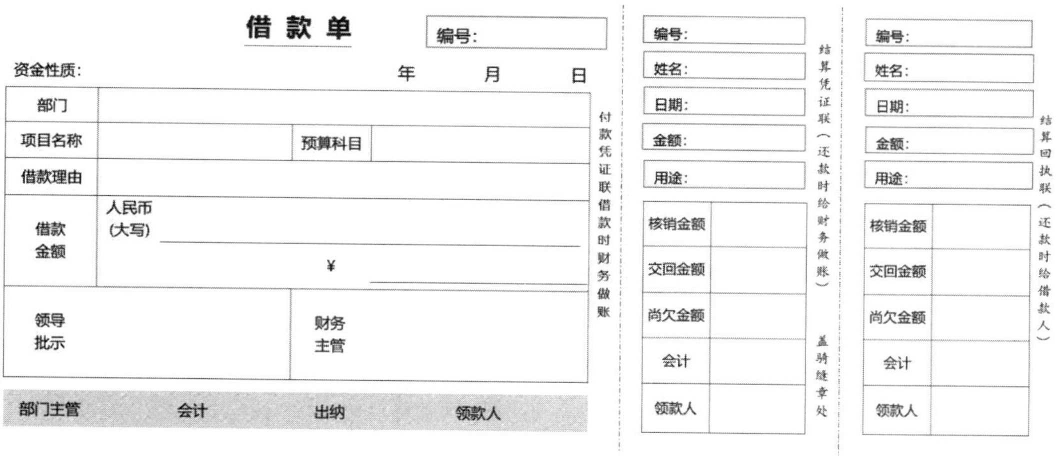
借款单
编号:
资金性质:
年 月 日
部门
项目名称
预算科目
借款理由
借款金额
人民币(大写)
¥
领导批示
财务主管
部门主管 会计 出纳 领款人
付款凭证联借款时财务做账
编号:
姓名:
日期:
金额:
用途:
核销金额
交回金额
尚欠金额
会计
领款人
结算凭证联（还款时给财务做账）
盖骑缝章处
编号:
姓名:
日期:
金额:
用途:
核销金额
交回金额
尚欠金额
会计
领款人
结算回执联（还款时给借款人）

图 6-14　借款单

(2) 记账凭证。付款凭证见图 6-15。

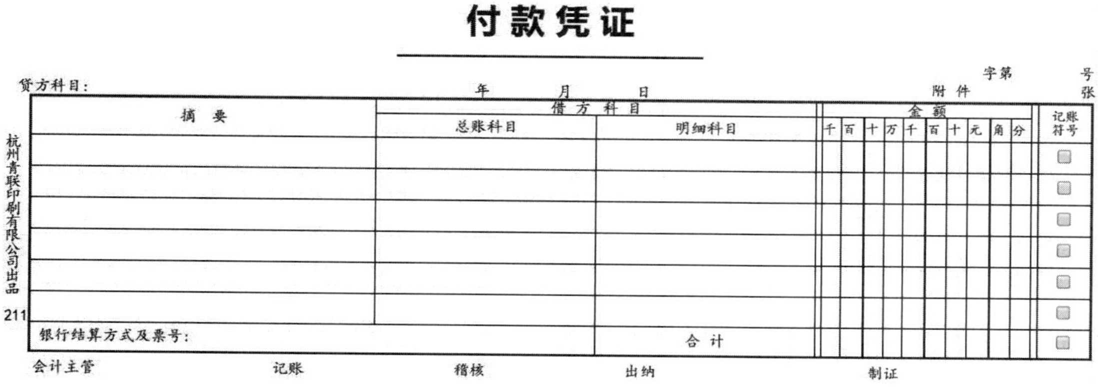
付款凭证
贷方科目:
年 月 日
字第 号
附件 张
摘 要
借方科目
总账科目
明细科目
金额
千 百 十 万 千 百 十 元 角 分
记账符号
银行结算方式及票号:
合 计
会计主管 记账 稽核 出纳 制证
杭州青联印刷有限公司出品
211

图 6-15　付款凭证

第 2 笔业务：销售产品。

(1) 原始凭证。

① 收款收据。收款收据见图 6-16。

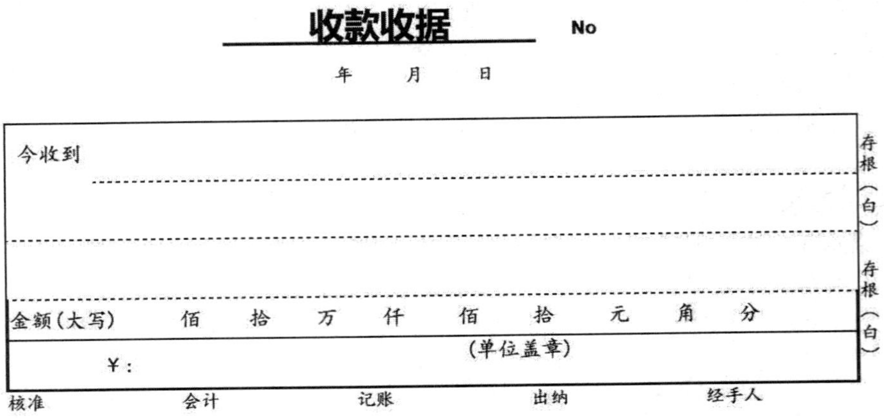
收款收据 No

年 月 日

今收到

金额（大写） 佰 拾 万 仟 佰 拾 元 角 分

￥： （单位盖章）

核准 会计 记账 出纳 经手人

存根（白） 存根（白）

图 6-16 收款收据

② 转账支票存根。转账支票存根见图 6-17。

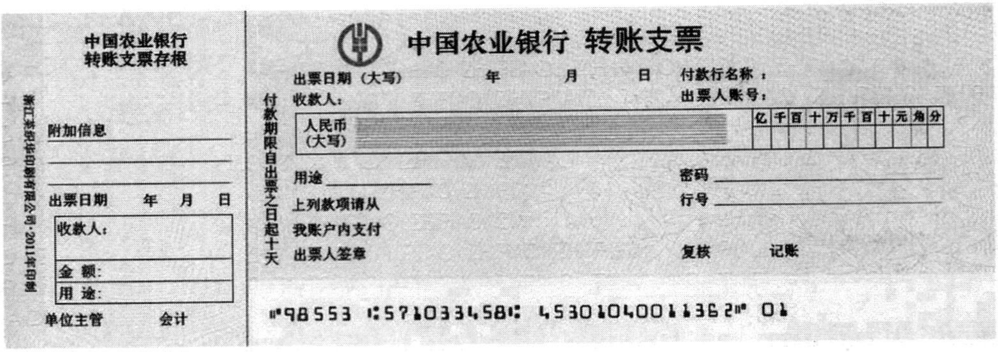
中国农业银行
转账支票存根

附加信息

出票日期 年 月 日

收款人：

金 额：

用 途：

单位主管 会计

浙江某印务有限公司·2011年印制

中国农业银行 转账支票

出票日期（大写） 年 月 日 付款行名称：

收款人： 出票人账号：

人民币（大写） 亿 千 百 十 万 千 百 十 元 角 分

付款期限自出票之日起十天

用途 密码

上列款项请从 行号

我账户内支付

出票人签章 复核 记账

"98553 ⑆571033458⑆ 453010400113362" 01

图 6-17 转账支票存根

③ 进账单。进账单见图 6-18。

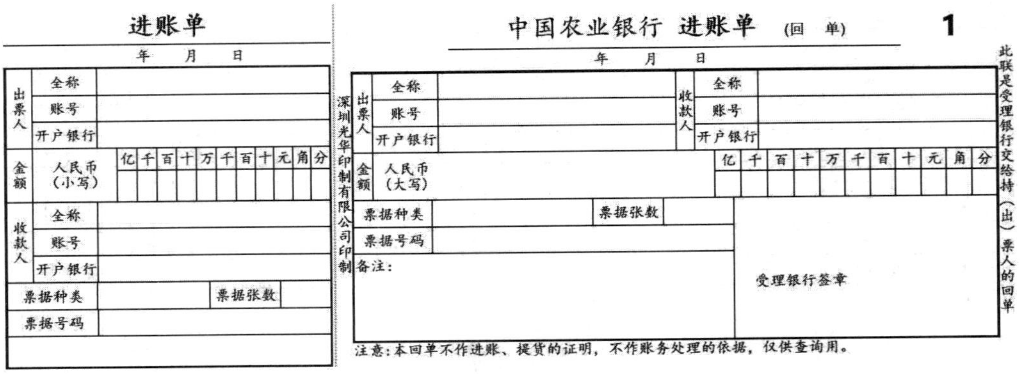
进账单

年 月 日

出票人：全称 / 账号 / 开户银行

金额：人民币（小写） 亿 千 百 十 万 千 百 十 元 角 分

收款人：全称 / 账号 / 开户银行

票据种类 票据张数

票据号码

中国农业银行 进账单 （回 单） 1

年 月 日

出票人：全称 / 账号 / 开户银行 收款人：全称 / 账号 / 开户银行

金额：人民币（大写） 亿 千 百 十 万 千 百 十 元 角 分

票据种类 票据张数

票据号码

备注： 受理银行签章

注意：本回单不作进账、提货的证明，不作账务处理的依据，仅供查询用。

深圳光华印制有限公司印制

此联是受理银行交给持（出）票人的回单

图 6-18 进账单

④ 增值税专用发票记账联。增值税专用发票记账联见图 6-19。

21325645757	广东省增值税专用发票	NO232157333

图 6-19 增值税专用发票记账联

(2) 记账凭证。收款凭证见图 6-20。

收 款 凭 证

图 6-20 收款凭证

第 3 笔业务：出差报销。

(1) 原始凭证。

① 收款收据。收款收据见图 6-21。

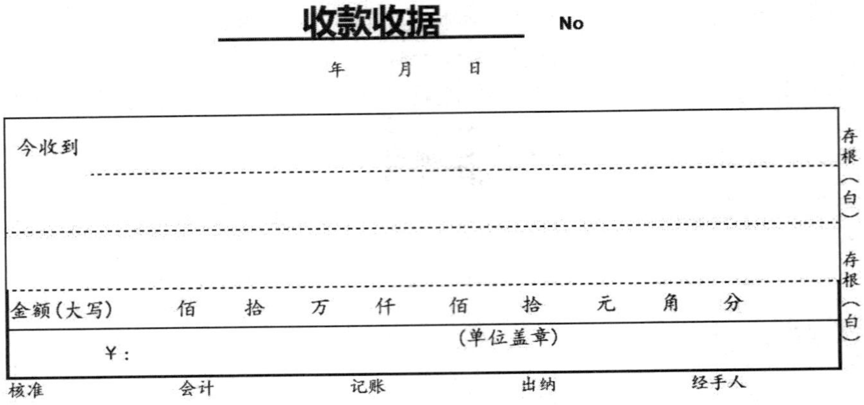

收款收据 No

年 月 日

今收到

金额（大写） 佰 拾 万 仟 佰 拾 元 角 分

¥： （单位盖章）

存根（白）

核准 会计 记账 出纳 经手人

图 6-21 收款收据

② 广东增值税专用发票联。广东增值税专用发票联见图 6-22。

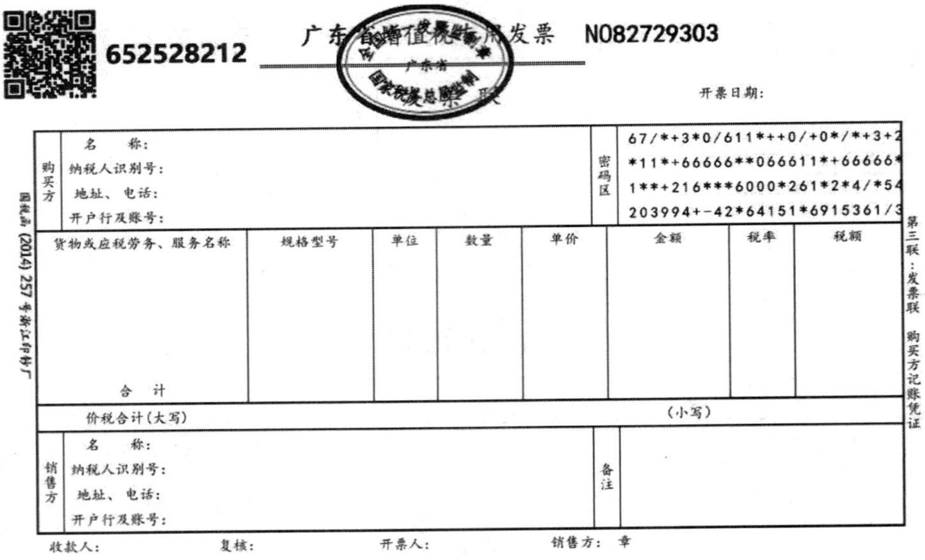

652528212 广东增值税专用发票 N082729303

发票联

开票日期：

购买方 名 称：
纳税人识别号：
地址、电话：
开户行及账号：

密码区 67/*+3*0/611*++0/+0*/*+3+2
11+66666**066611*+66666*
1**+216***6000*261*2*4/*54
203994+-42*64151*6915361/3

货物或应税劳务、服务名称	规格型号	单位	数量	单价	金额	税率	税额
合 计							

价税合计（大写） （小写）

销售方 名 称：
纳税人识别号：
地址、电话：
开户行及账号：

备注

收款人： 复核： 开票人： 销售方：章

第三联：发票联 购买方记账凭证

国税函〔2014〕257号浙江印制厂

图 6-22 广东增值税专用发票联

③ 火车票。火车票见图 6-23。

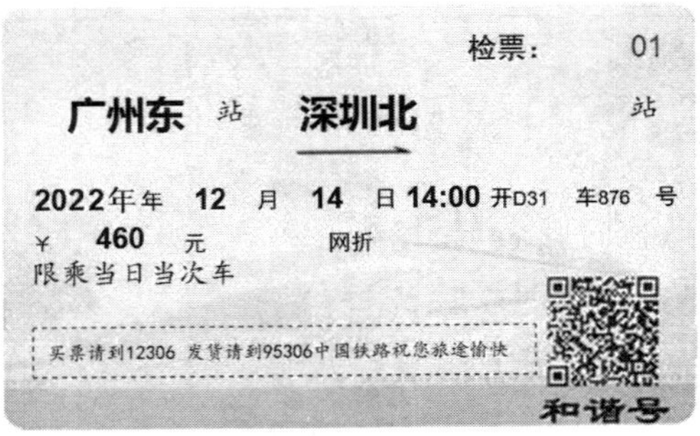

检票： 01

广州东 站 深圳北 站

2022年 年 12 月 14 日 14:00 开 D31 车 876 号

¥ 460 元 网折

限乘当日当次车

买票请到12306 发货请到95306 中国铁路祝您旅途愉快

和谐号

图 6-23 火车票

④ 差旅费报销单。差旅费报销单见图 6-24。

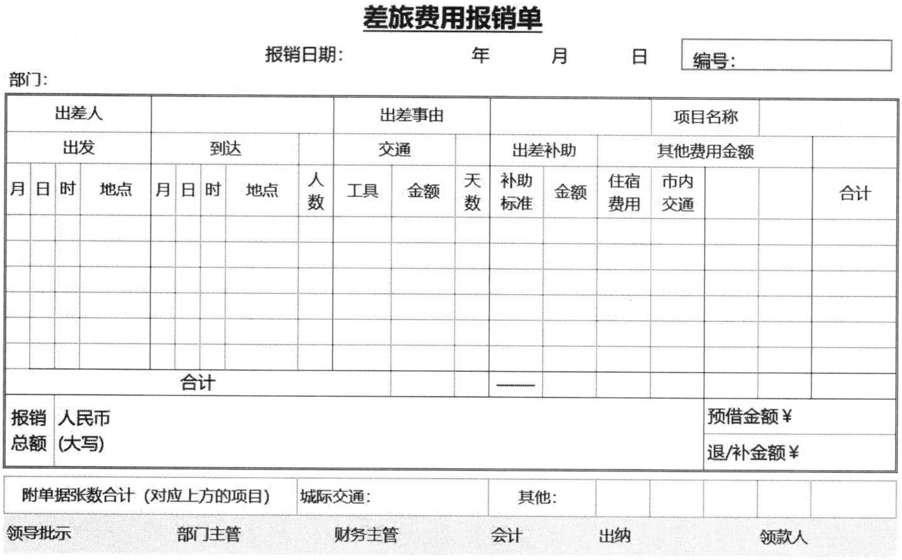

差旅费用报销单

报销日期:　　年　　月　　日　编号:

部门:

出差人 | 出差事由 | 项目名称

出发 | 到达 | 交通 | 出差补助 | 其他费用金额

月 | 日 | 时 | 地点 | 月 | 日 | 时 | 地点 | 人数 | 工具 | 金额 | 天数 | 补助标准 | 金额 | 住宿费用 | 市内交通 | 合计

合计 | ——

报销总额　人民币（大写）　预借金额￥　退/补金额￥

附单据张数合计（对应上方的项目）　城际交通:　其他:

领导批示　部门主管　财务主管　会计　出纳　领款人

图 6-24　差旅费报销单

(2) 记账凭证。收款凭证见图 6-25，转账凭证见图 6-26。

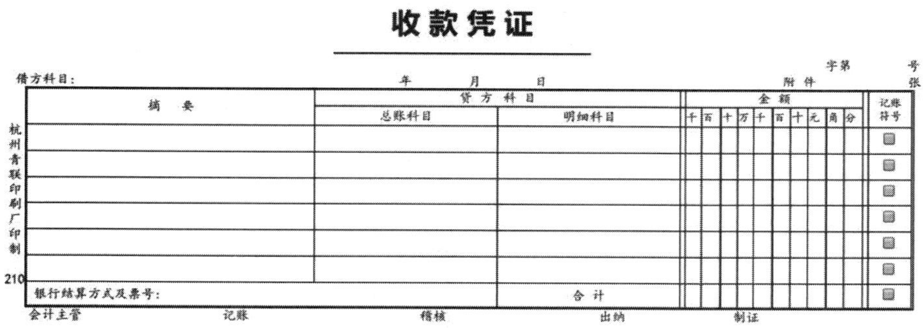

收款凭证

借方科目:　年　月　日　字第　号　附件　张

摘要 | 贷方科目：总账科目、明细科目 | 金额：千 百 十 万 千 百 十 元 角 分 | 记账符号

银行结算方式及票号:　合计

会计主管　记账　稽核　出纳　制证

杭州青联印刷厂印制　210

图 6-25　收款凭证

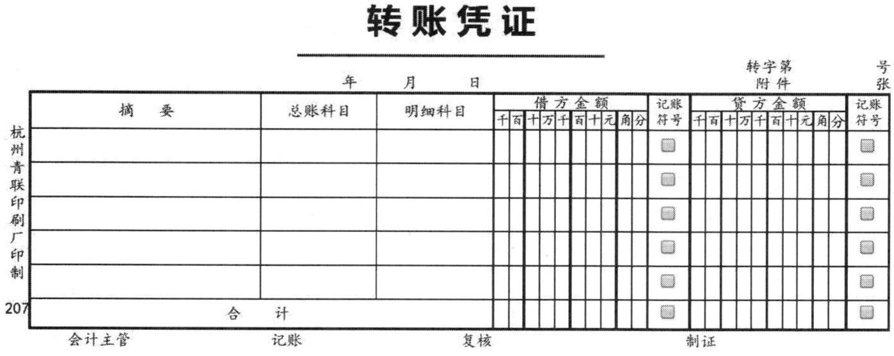

转账凭证

年　月　日　转字第　号　附件　张

摘要 | 总账科目 | 明细科目 | 借方金额：千 百 十 万 千 百 十 元 角 分 | 记账符号 | 贷方金额：千 百 十 万 千 百 十 元 角 分 | 记账符号

合计

会计主管　记账　复核　制证

杭州青联印刷厂印制　207

图 6-26　转账凭证

第 4 笔业务：付工资。

(1) 原始凭证。

① 转账支票。转账支票见图 6-27。

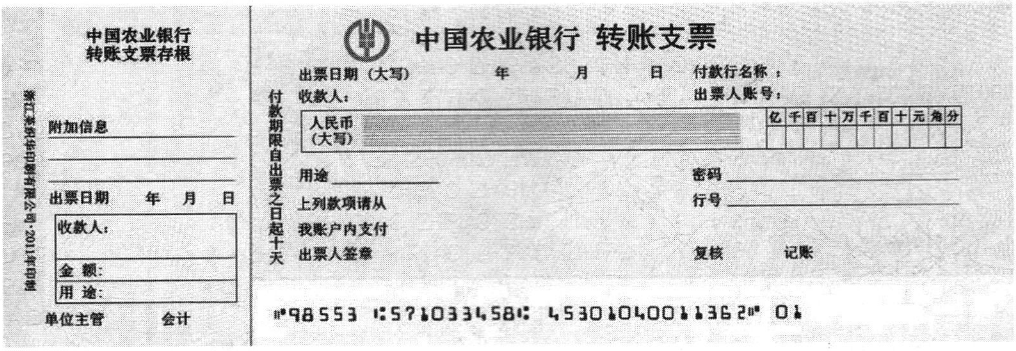

图 6-27　转账支票

② 员工花名册。工资发放签名表见图 6-28。

工资发放签名表

单位名称：					年　月									
行次	职员姓名	部门名称	基本工资	奖金	福利	其他	应发合计	社保	住房公积金	其他扣款	代扣税	扣款合计	实发合计	签名
1														
2														
3														
4														
5														
6														
7														
8														
9														
10														
11														
12														
合计														

图 6-28　工资发放签名表

(2) 记账凭证。付款凭证见图 6-29。

付 款 凭 证

贷方科目：		年　月　日		字第　　号 附件　　张		
摘　要		借方科目		金　额	记账符号
		总账科目	明细科目	千百十万千百十元角分	
银行结算方式及票号：			合　计		

会计主管　　　　记账　　　　稽核　　　　出纳　　　　　　制证

图 6-29　付款凭证

第七章　会　计　账　簿

案例导入

小周、小张与小陶共同出资成立了一家公司，名称是先锋集团，注册资金 3 000 万元。根据《中华人民共和国税收征收管理法实施细则》的规定：从事生产、经营的纳税人应当自领取营业执照或者发生纳税义务之日起 15 日内，按照国家有关规定设置账簿。于是，集团聘请具有会计师资格的小蔡和小李分别担任集团会计财务总监及财务副总监，负责做好集团成立之初的建账和会计分工工作。因此，小蔡和小李开始商议并对此进行详细思考和认真安排。

思考：

(1) 设置什么账簿？

(2) 启用会计账簿的格式和规则是怎样的？

(3) 由谁来登记？

(4) 怎样登账？

(5) 如何对账、结账、更正错账等？

第一节　会计账簿概述

一、会计账簿的概念

(一) 会计账簿的定义

会计账簿简称账簿，是以经过审核的会计凭证作为依据，全面、系统、连续、分类地记录和确认、计量各项经济业务的簿籍。它由一定格式的账页组成，并以一定的形式连接在一起，用于对企业和单位的经济业务进行全面、序时、分类的记录。

(二) 会计账簿的意义

由于企业发生的经济业务数量繁多，会计人员很难从基于这些经济业务形成的会计凭证中获得系统性数据，因此，设置和登记账簿就显得尤为重要，它是对经济信息进行加工整理的一种专门方法。会计账簿不仅为企业的经济管理提供系统而完整的会计信息，还为定期编制的会计报表提供相关的数据资料，更是考核企业经济成果、加强经济确认计量、分析经济活动的重要数据。

二、会计账簿的种类

会计账簿是由一定格式、相互联系的若干账页组成的，根据用途、账页格式、外形特征可以对账簿进行不同的划分。

(一) 按用途分类

会计账簿按用途可分为序时账簿、分类账簿和备查账簿。

1. 序时账簿

序时账簿又称日记账，是按照企业经济业务发生或完成的先后顺序逐日、逐笔进行登记的账簿。根据记录的内容不同，序时账簿又可分为普通日记账和特种日记账。

(1) 普通日记账：是指对全部经济业务，无论性质如何，按先后顺序登记的账簿。

(2) 特种日记账：是按照经济业务性质单独设置的账簿，是对特定项目进行单独设置的日记账，如库存现金日记账和银行存款日记账。

2. 分类账簿

分类账簿是对全部经济业务事项按照会计要素的具体类别而设置的分类账户进行登记的账簿。按其提供确认、计量指标的详细程度不同，分类账簿又分为总分类账和明细分类账。

(1) 总分类账：简称总账，它是根据总分类账户开设的，为企业提供概括性的会计信息。

(2) 明细分类账：简称明细账，它是根据明细分类账户开设的，为企业提供详细的会计信息。

3. 备查账簿

备查账簿又称辅助账簿或备查登记簿，是对在序时账簿和分类账簿等主要账簿中不予登记或登记不够详细的经济业务事项进行补充登记时使用的账簿。

企业可根据自己的实际需要设置备查账簿，并非一定要设置，而且没有固定格式，如设置应付票据备查账簿等。

(二) 按账页格式分类

会计账簿按账页格式分为两栏式账簿、三栏式账簿、多栏式账簿、数量金额式账簿、横线登记式账簿。

1. 两栏式账簿

两栏式账簿是指只有借方和贷方两个基本金额栏目的账簿，如普通日记账。

2. 三栏式账簿

三栏式账簿是指只设借方、贷方和余额三个基本栏目的账簿，适用于只进行金额确认、计量，不要求进行数量确认、计量的资本、债权、债务明细账，如"货币资金""实收资本"等。

3. 多栏式账簿

多栏式账簿是在账簿的两个基本栏目(借方和贷方)按照需要分设若干个专栏的账簿，但企业可根据实际需要在借方还是贷方设置专栏，或两方分别设置专栏，或设置多少专栏。多栏式账簿适用于收入、成本、费用、利润和利润分配明细账，如"主营业务收入""主营业务成本""财务费用""本年利润"等。

4. 数量金额式账簿

数量金额式账簿是在账簿的借方、贷方和余额三个栏目内均分设数量、单价和金额三小栏的账簿，用以反映财产物资的实物数量和价值量，如企业的"原材料""库存商品"等。

5. 横线登记式账簿

横线登记式账簿又称平行式账簿，是将某一项经济业务从发生到结束的相关内容记录在同一张账页的同一行的账簿。

(三) 按外形特征分类

会计账簿按外形特征分为订本式账簿、活页式账簿、卡片式账簿。

1. 订本式账簿

订本式账簿即订本账，是在启用前将编有顺序页码的一定数量的账页装订成册的账簿。它一般适用于重要的和具有统驭性的总分类账、现金日记账和银行存款日记账。

订本式账簿的好处是可以避免账页散失，防止账页被抽换，安全。但同一账簿在同一时间只能由一人登记，这样不便于会计人员分工协作记账，也不便于计算机打印记账。特种日记账，如库存现金日记账、银行存款日记账以及总分类账必须采用订本账形式。

2. 活页式账簿

活页式账簿即活页账，是将一定数量的账页置于活页夹内，可根据记账内容的变化而随时增加或减少部分账页的账簿。它一般适用于明细分类账。

活页账的优点是可以根据实际需要增添账页，不会浪费账页，使用灵活，并且便于同时分工记账；缺点是账页容易散失和被抽换。各种明细分类账可采用活页账形式。

3. 卡片式账簿

卡片式账簿即卡片账，是将一定数量的卡片式账页存放于专设的卡片箱中，账页可以根据需要随时增添的账簿。它一般适用于低值易耗品、固定资产等的明细确认、计量。在我国一般只对固定资产明细账采用卡片账形式。

第二节 会计账簿的内容、启用及规则

一、会计账簿的基本内容

在会计实务中，企业可根据实际需要设置相应的账簿，账簿的形式和格式多种多样，

但都应包括以下三个基本要素。

(1) 封面：主要用来标明账簿的名称，如库存现金日记账、各种明细分类账和总分类账簿等。

(2) 扉页：又称使用登记表，主要用来列明会计账簿的使用信息，如账簿编号、账簿启用日期、经管人员和交接记录一览表等。

(3) 账页：主要用来记录经济业务事项的载体，如登记账簿的日期栏、记账凭证的种类和号数栏、摘要栏、金额栏等。

二、会计账簿的启用

在会计实务中，会计账簿的具体启用步骤如下所述。

(1) 设置会计账簿的封面和封底：除订本账的封面是印好的不需另外设封面以外，各种活页账都应该设置封面以及封底，注明单位名称、账簿名称以及所属会计年度等。

(2) 填写账簿启用一览表：填写在扉页上"账簿启用及交接表"中的相关信息，包括单位名称、账簿名称、账簿编号、起止日期、单位负责人、主管会计、审计人员和记账人员等项目，并加盖单位公章。在经管会计人员发生变更时，应办理交接手续并填写"账簿启用及交接表"中的交接说明。

(3) 建立账户：根据企业所需按照会计科目的编号顺序填写科目名称及启用页码。

(4) 粘贴印花税票：会计账簿属于营业账簿，需缴印花税，印花税票应粘贴在会计账簿的右上角，完税后需画线注销。

三、会计账簿的登记要求

在登记会计账簿时，为保证账簿记录的正确性，必须遵守以下规则。

(1) 准确完整：登记会计账簿时，应当将审核无误的会计凭证的日期、编号、业务内容摘要、金额和其他有关资料逐项记入账内，做到数字准确、摘要清楚、登记及时、字迹工整。

(2) 注明记账符号：登记完毕后，要在记账凭证上签名或盖章，并注明已经登账的符号，如打"√"等，表明已经记账，以免重记或漏记。

(3) 文字和数字必须整洁清晰，准确无误：在登记书写时，不要滥造简化字，不得使用同音异义字，不得书写怪字体；摘要文字紧靠左线；数字要写在金额栏内，不得越格错位、参差不齐；文字、数字字体大小适中，紧靠下线书写，上面要留有适当空距，一般应与格距的1/2，以备按规定的方法改错。记录金额时，如无角分的整数，应分别在角分栏内写上"0"，不得省略不写。

(4) 正常记账使用蓝黑墨水：登记账簿要用蓝黑墨水或者碳素墨水书写，不得使用圆珠笔(银行的复写账簿除外)或者铅笔书写。

(5) 特殊记账使用红墨水：

① 按照红字冲账的记账凭证，冲销错误记录；

② 在不设借贷栏的多栏式账页中，登记减少数；

③ 在三栏式账户的余额栏前，如未印明余额方向的，在余额栏内登记负数余额；

④ 根据国家统一会计制度的规定可以用红字登记的其他会计记录。

（6）顺序连续登记：各种账簿按页次顺序连续登记，不得跳行、隔页。如果发生跳行、隔页，不得随便更换账页和撤出账页，作废的账页也要留在账簿中，还要将空行、空页画线注销，或者注明"此行空白""此页空白"字样，并由记账人员签名或者盖章。

（7）结出余额：凡需要结出余额的账户，结出余额后，应当在"借"或"贷"等栏内写明"借"或者"贷"等字样；没有余额的账户，应当在"借"或"贷"等栏内写明"平"字，并在余额栏内用"0"表示。

（8）过次承前：每一账页登记完毕结转下页时，应当结出本页合计数及余额，写在本页最后一行和下页第一行有关栏内，并在摘要栏内注明"过次页"和"承前页"字样；也可以将本页合计数及金额只写在下页第一行有关栏内，并在摘要栏内注明"承前页"字样。

（9）按规定方法更正：登记发生错误时，必须按规定方法更正，严禁刮、擦、挖、补或使用化学药物清除字迹，可采用画线更正、红字更正、补充登记等方法更正。

（10）定期打印：实行会计电算化的单位，总账和明细账应当定期打印；现金日记账和银行存款日记账必须在发生收款和付款业务后输入收款凭证和付款凭证的当天打印，并与库存现金核对无误。

★思政小课堂

《中华人民共和国会计法》第三条规定：各单位必须依法设置会计账簿，并保证其真实、完整。另外，《中华人民共和国会计法》第十三条规定：任何单位和个人不得伪造、变造会计凭证、会计账簿及其他会计资料，不得提供虚假的财务会计报告。具体地说，设置会计账簿是会计工作得以开展的基础环节，而会计账簿是记录会计确认、计量过程和结果的载体。因此，设置并有效利用会计账簿，才能进行会计资料的收集、整理、加工、存储和提供，才能连续、系统、全面、综合地反映单位的财务状况和经营成果，才能通过会计账簿所提供的信息来揭示经济活动中存在的问题，寻找改善经营管理的对策。

依法设账问题，在我国会计实际工作中是一个比较薄弱的环节。由于依法经营的法治意识淡薄，一些单位不设账，或者在不同目的之下，为了满足不同要求对同一个会计主体企业编制了两套账、多套账，甚至私设"小金库"、造假账等，以达到种种非法目的，严重损害了国家和社会的公众利益，干扰了社会经济秩序，这都是法律所不允许的。

因此，《中华人民共和国会计法》在总则中对依法设账的基本要求做出了规定，说明了依法设账的重要性。对依法设账的具体要求，在《中华人民共和国会计法》的其他章以及国家其他的会计制度中都有相应的规定。

第三节　会计账簿的格式与记账方法

一、日记账的格式和登记方法

日记账是按照经济业务或完成的时间先后顺序逐笔进行登记的账簿。在会计实务中，各公司一般只设置库存现金日记账和银行存款日记账。

(一) 库存现金日记账的格式和登记方法

1. 库存现金日记账的格式

库存现金日记账是用来记录库存现金每天的收入、支出和结存情况的账簿，其格式有三栏式和多栏式两种。无论采用三栏式现金日记账还是多栏式现金日记账，都必须使用订本账。

2. 库存现金日记账的登记方法

(1) 三栏式现金日记账的登记方法：现金日记账由出纳人员根据同现金收付有关的记账凭证，按时间顺序逐日逐笔进行登记，并根据"上日余额 + 本日收入 − 本日支出 = 本日余额"的公式，逐日结出现金余额，与库存现金实存数核对，以检查每日现金收付是否正确。

(2) 多栏式现金日记账的登记方法：先根据有关现金收入业务的记账凭证登记现金收入日记账，以及有关现金支出业务的记账凭证登记现金支出日记账，每日营业终了，根据现金支出日记账结计的支出合计数，一笔转入现金收入日记账的"支出合计"栏中，并结出当日余额。

(二) 银行存款日记账的格式和登记方法

银行存款日记账是用来记录银行存款每日的收入、支出和结余情况的账簿。银行存款日记账应按企业在银行开立的账户和币种分别设置，每个银行账户设置一本日记账。

银行存款日记账的格式和登记方法同库存现金日记账相同，既可以采用三栏式，也可以采用多栏式。在实际工作中，小型企业大多采用三栏式的银行存款日记账。

二、总分类账的格式和登记方法

(一) 总分类账的格式

总分类账是按照总分类账户分类登记以提供总括会计信息的账簿。总分类账最常用的格式为三栏式，设置借方、贷方和余额三个基本金额栏目。

(二) 总分类账的登记方法

总分类账的登记方法因登记的依据不同而有所差别，经济业务量少的单位的总分类账可以根据记账凭证逐笔登记，而经济业务量大或规模中型的单位的总分类账可以根据经过汇总的科目汇总表或汇总记账凭证等登记。

三、明细分类账的格式和登记方法

(一) 明细分类账的格式

明细分类账是根据二级账户或明细账户开设账页，分类、连续地登记经济业务以提供明细确认、计量资料的账簿，其格式有三栏式、多栏式、数量金额式和横线登记式(或称平行式)等多种。

(1) 三栏式明细分类账：是指设有借方、贷方和余额三个栏目，用以分类确认、计量各项经济业务，提供详细确认、计量资料的账簿，其格式与三栏式总账格式相同。三栏式明细分类账适用于只进行金额确认、计量的资本、债权和债务类账户，如"应付账款""应缴税费"和"应收账款"等往来结算账户。

(2) 多栏式明细分类账：是指将属于同一个总账科目的各个明细科目合并在一张账页上进行登记的账簿，适用于成本费用类科目的明细确认计量。

(3) 数量金额式明细分类账：是指其借方(收入)、贷方(发出)和余额(结存)都分别设有数量、单价和金额三个专栏的账簿，适用于既要进行金额确认、计量，又要进行数量确认、计量的账户。

(4) 横线登记式明细分类账：是指采用横线登记，即将每一相关的业务登记在一行，从而可依据每一行各个栏目的登记是否齐全来判断该项业务的进展情况的账簿。该明细分类账适用于登记材料采购业务、应收票据和一次性备用金业务。

(二) 明细分类账的登记方法

不同类型经济业务的明细分类账可基于管理需要，依据记账凭证、原始凭证或汇总原始凭证逐日逐笔或定期汇总登记。固定资产、债权、债务等明细账应逐日逐笔登记；库存商品、原材料、产成品收发明细账以及收入、费用明细账可以逐笔登记，也可以定期汇总登记。

第四节 对 账

对账是指对本期内账簿记录进行核对的工作。为了保证账簿记录的完整性和正确性，必须做好对账工作，每年至少进行一次，以便为之后编制会计报表工作提供真实、可靠的数据。对账的内容和方法主要体现在以下三个方面。

一、账证核对

账证核对，即会计账簿与凭证核对，是指账簿记录是否与原始凭证、记账凭证信息一致，如时间、凭证编号、内容、金额、记账方向等。如果一致则此对账结束；否则，则需要查找原因。

二、账账核对

账账核对是指对各种账簿之间相对应的记录进行核对。主要包括以下内容。

(1) 总账各账户之间的核对：是指核对总分类账各账户本月借方发生额合计数与贷方发生额合计数是否相等，期末借方余额合计数与贷方余额合计数是否相等，以检查总分类账户的登记是否正确。

(2) 总账与所属明细账的核对：是指各明细分类账的本期借、贷方发生额合计数及期末余额合计数同总分类账应该分别核对相符情况，以检查各明细分类账的登记是否正确。

(3) 总分类账簿与序时账簿的核对：是指现金日记账和银行存款日记账的本期借、贷方发生额合计数及期末余额合计数同总分类账应该分别核对相符情况，以检查日记账的登记是否正确。

(4) 明细分类账簿之间的核对，是指会计部门有关财产物资的明细分类账期末余额，是否与财产物资保管或使用部门的有关保管账的期末余额核对一致，以检查双方记录是否正确。

三、账实核对

账实核对是指各种财产物资、债权、债务等的账面余额与实存数额相核对。具体内容包括以下内容。

(1) 将现金日记账账面余额与实地盘点的库存现金实际数进行核对，不得白条抵库，需做到日清月结。

(2) 将银行存款日记账账面余额与开户银行账目(银行对账单)进行核对，一般至少每月核对一次。

(3) 将各种财产物资明细分类账账面余额与其清查盘点后的实有数进行核对。

(4) 将各种应收、应付款明细分类账账面余额与有关债务、债权单位或个人的账目进行核对。

第五节　错账更正

一、错账的概述

在填制会计凭证和登记会计账簿的工作过程中，会计人员难免会发生差错，如漏记、重记、数字位数移位、数字位数颠倒、记账方向错误等。针对这些差错，可通过不同的方法进行更正。

二、错账的更正方法

会计人员在记账工作过程中，应做到账簿记录整洁，记账力求正确。对于发现的账簿记录错误要按规定的方法进行更正，不得涂改、挖补及使用涂改液、药水消除字迹等。更正错账的方法主要包括画线更正法、红字更正法、补充登记法三种。

(一) 画线更正法

画线更正法，即红线更正法，在结账前发现账簿记录有文字或数字错误，而记账凭证没有错误，可采用此方法。

画线更正法的具体做法是：先将错误的文字或数字用一条红色横线画去，表示注销；

再在画线的上方用蓝色字迹写上正确的文字或数字，并在画线处加盖更正人图章，以明确责任。对于文字错误，可只画去错误的部分；但对于错误的数字，应将其全部画掉，不能只画掉其中一个或几个写错的数字，并要保持被画去的字迹仍可清晰辨认。

(二) 红字更正法

红字更正法，也称红字冲销法，是指由于记账凭证错误使得账簿记录发生错误，而用红字冲销原记账凭证，以更正账簿记录的一种方法。红字更正法适用于以下两种情况。

(1) 记账后，发现账簿记录的错误是由记账凭证中的应借、应贷会计科目或记账方向有错误而引起的，应采用先冲后补法。

具体的更正方法是：先用红色字迹填写一张会计科目与原错误记账凭证完全相同的记账凭证，在"摘要"栏中写明"冲销错账"以及错误凭证的号数和日期，并据以用红字登记入账，冲销原来错误的账簿记录；然后，再用蓝字或黑字填制一张正确的记账凭证，在"摘要"栏中写明"更正错账"以及冲账凭证的号数和日期，并据以记账。

【例 7-1】 先锋软件公司领用一批原材料用于生产商品，价值 6 000 元，编制记账凭证#202102005 时，误作下列会计分录，并已登记入账。

　　借：管理费用　　　　　　　　　　　　　　6 000
　　　　贷：原材料　　　　　　　　　　　　　　　　6 000

更正的具体步骤：

① 此题中，会计人员在编制记账凭证时误将"生产成本"记入"管理费用"，应用红字按照错误的记账凭证重新填写一张记账凭证，以冲销原错误的记账凭证，并在"摘要"栏中填写"冲销错账"以及错误凭证的号数和日期。会计分录如下：

　　借：管理费用　　　　　　　　　　　　　　6 000
　　　　贷：原材料　　　　　　　　　　　　　　　　6 000

② 再用蓝字补记一张正确的记账凭证。会计分录如下：

　　借：生产成本　　　　　　　　　　　　　　6 000
　　　　贷：原材料　　　　　　　　　　　　　　　　6 000

(注：用黑框围住的金额表示用红字填写，下同。)

(2) 记账后，发现记账凭证和账簿记录的金额有错误(所记金额大于应记的正确金额)，而应借、应贷的会计科目没有错误。

具体的更正方法是：将多记的金额用红字填制一张记账凭证，而应借、应贷的会计科目与原错误记账凭证相同，在"摘要"栏写明"冲销多记金额"以及原错误记账凭证的号数和日期，并据以登记入账，以冲销多记的金额。

【例 7-2】 先锋软件公司领用一批原材料用于生产商品，价值 6 000 元，编制记账凭证#202102005 时，误作下列会计分录，并已登记入账。

　　借：生产成本　　　　　　　　　　　　　　60 000
　　　　贷：原材料　　　　　　　　　　　　　　　　60 000

更正的具体步骤：

此题中，会计人员在编制记账凭证时，多记了 54 000 元(即 60 000 元 – 6 000 元)，应将多记的金额用红字填制一张记账凭证，并在"摘要"栏中注明"冲销多记金额"以及原错误记账凭证的号数和日期，其他内容和原凭证一致，并据以登记入账。会计分录如下：

借：管理费用 $\boxed{54\ 000}$

　贷：原材料 $\boxed{54\ 000}$

(三) 补充登记法

记账以后，发现记账凭证和账簿记录的金额有错误(所记金额小于应记的正确金额)，而应借、应贷的会计科目没有错误，应用补充登记法进行更正。

具体的更正方法是：将少记的金额用蓝字或黑字填制一张应借、应贷的会计科目与原错误记账凭证相同的记账凭证，在"摘要"栏中注明"补充少记金额"以及原错误记账凭证的号数和日期，并据以登记入账，以补充登记少记金额。

【例 7-3】 先锋软件公司领用一批原材料用于生产商品，价值 6 000 元，编制记账凭证 #202102005 时，误作下列会计分录，并已登记入账。

借：生产成本 　　　　　　　　　　　600

　贷：原材料 　　　　　　　　　　　　600

更正的具体步骤：

此题中，会计人员在编制记账凭证时，少记了 5 400 元(即 6 000 元－600 元)，应将少记的金额用黑字或蓝字填制一张记账凭证，并在"摘要"栏中注明"补充少记金额"以及原错误记账凭证的号数和日期，其他内容和原凭证一致，并据以登记入账。会计分录如下：

借：生产成本 　　　　　　　　　　　5 400

　贷：原材料 　　　　　　　　　　　　5 400

第六节　结　　账

结账是指定期结算清楚会计账簿记录的会计工作。具体来说，是在每一会计期间，如月份、季度和年度，将本期内所发生的经济业务全部登记入账后，于会计期末按照规定的方法结算账目，包括结计出本期发生额和期末余额。

一、结账的主要程序和内容

结账的程序和内容如下：

(1) 结账前，确保本期内发生的各项经济业务全部正确登记入账，尤其是应(预)收、应(预)付、预提、待摊等业务。不得为了赶编报表而提前结账，也不得将本期发生的经济业务延至下期登账，还不得先编会计报表后结账。对于未正确登记入账的，应按错账的更正方法进行更正。

(2) 实行权责发生制的单位，按照权责发生制的要求进行账项调整的账务处理，并在此基础上，进行其他有关转账业务的账务处理，以计算确定本期的成本、费用、收入和利润。

（3）结账时，应结出现金日记账、银行存款日记账、总分类账和明细分类账各账户的本期发生额和期末余额，并将期末余额结转下期。

二、结账的方法

计算登记各种账簿本期发生额和期末余额的工作，一般按月进行，称为月结；有的账目还应按季结算，称为季结；年度终了，还应进行年终结账，称为年结。期末结账主要采用画线结账法，也就是期末结出各账户的本期发生额和期末余额后，加以画线标记，将期末余额结转下期。不同的账户记录应分别采用不同的方法：

（1）不需按月结计发生额的账户，如应收应付、财产物资明细账，每次记账后，就要随时结出余额，每月最后一笔余额就是月末余额，月末结账时，只需在最后一笔业务记录下面自借方栏至余额栏下画通栏红线即可，不需要再结计一次余额。

（2）需按月统计发生额的账户，如现金日记账、银行存款日记账和需按月结计发生额的收入、费用等明细账，在期末结账时，要在最后一笔业务记录下面画通栏单红线，并在"摘要"栏中写明"本月合计"字样，结出本月发生额和余额。

（3）需要结计本年累计发生额的账户，每月结账时，应在"本月合计"栏下结出自年初至本月末止的累计发生额，登记在月份发生额下面，在"摘要"栏中写明"本年累计"字样，在栏下再画一条通栏红线，12月末的"本年累计"就是全年累计发生额，应在全年累计发生额下面画通栏双红线。

（4）总账账户只需结出月末余额即可。年终结账时需将所有总账账户结出全年发生额和年末余额，在"摘要"栏内注明"本年合计"字样，并在"合计"栏下画通栏双红线。

（5）年度终了，会计人员需要结账。凡有余额的账户，应将其余额结转下年，并在"摘要"栏中注明"结转下年"字样；在下一会计年度新建有关会计账户的第一行"余额"栏内填写上年结转的余额，并在"摘要"栏中注明"上年结转"字样，即将所有有余额的账户余额直接计入新账"余额"栏内，而不需专门编制记账凭证，也不需要将余额再记入各账户的借方，使本年余额为零。

第七节 更 换 与 保 管

会计账簿是各单位重要的档案资料，必须建立管理制度，定期更换，妥善保管。

一、会计账簿的更换

会计账簿的更换，是指在会计年度终了时，将上年的旧账更换为次年新账的过程。一般情况下，总分类账、日记账和多数明细账，都应当每年更换一次。但是，对于变动较小的明细账，如固定资产明细账等，可以跨年度使用。另外，备查账簿也可以连续使用。

更换会计账簿的具体步骤如下：

（1）结转旧账：年度终了时，需在本年有余额的账户"摘要"栏内注明"结转下年"

字样。

(2) 启用新账，结账余额：更换新账时，需注明各账户的启用年份，并在第一行"日期"栏内写明"1月1日"，且在"摘要"栏内注明"上年结转"或"年初余额"字样，不必填制记账凭证。

二、会计账簿的保管

各种账簿同会计凭证、会计报表一样，都是重要的经济档案，必须按照统一规定的保存年限妥善保管，不得丢失或任意销毁。会计账簿装订完成后可暂由本单位财务会计部门保管 1 年，期满后，由财务会计部门编造清册移交本单位的档案部门保管。

根据《会计档案管理办法》的规定，总分类账、明细分类账、辅助账、日记账均应保存 15 年。其中，现金、银行存款日记账要保存 25 年，涉外和对私改造账簿应永久保存。保管期满后，应按照规定的审批程序报经批准后才能销毁。

案例分析

小周、小张与小陶共同出资成立了一家公司，名称是先锋集团，注册资金 3 000 万。集团聘请具有会计师资格的小蔡和小李分别担任集团会计财务总监及财务副总监，另外聘请大学刚毕业的小姗做会计工作。下面是财务总监在集团第一个月记账后进行账证核对时发现的错误。

(1) 领用一批原材料用于生产商品，价值 6 000 元。误编记账凭证为

借：管理费用　　　　　　　　　　　　　　　6 000

　　贷：原材料　　　　　　　　　　　　　　　　6 000

(2) 集团货运司机运货途中违章驾驶，支付交通违章罚款 250 元。误编记账凭证为

借：管理费用　　　　　　　　　　　　　　　520

　　贷：库存现金　　　　　　　　　　　　　　　520

(3) 结转本月已售产品成本 60 000 元。误编记账凭证为

借：主营业务成本　　　　　　　　　　　　　600 000

　　贷：库存商品　　　　　　　　　　　　　　　600 000

分析：

小姗所编制的会计分录应采用怎样的更正方法来更正？

实　　　训

◆ 实训目的

掌握总账和所属明细账的关系。

◆ 实训资料

先锋公司 5 月末"原材料""应付账款"总分类账户及其所属的明细账分类账户的余额如下：

"原材料"总分类账户的余额为 1 600 000 元，其中，A 材料 5 000 千克，每千克 200 元，共计 1 000 000 元；B 材料 1 000 千克，每千克 600 元，共计 600 000 元。

"应付账款"总分类账户的余额为 900 000 元，其中，甲公司 500 000 元，乙公司

400 000 元。

该公司 6 月发生下列经济业务：

(1) 6 月 2 日，向甲公司购入 A 材料 1 000 千克，共计 200 000 元，款项尚未支付；

(2) 6 月 5 日，向乙公司购入 B 材料 3 000 千克，共计 1 800 000 元，款项尚未支付；

(3) 6 月 11 日，以银行存款支付上月应付甲公司购买原材料款项 500 000 元。

(4) 6 月 13 日，以银行存款支付上月应付乙公司购买原材料款项 400 000 元。

(5) 6 月 14 日，公司车间领用 A 材料 3 000 千克，共计 600 000 元；B 材料 2 000 千克，共计 1 200 000 元。

◆　**实训要求**

(1) 根据资料开设有关总分类账户及明细分类账户，并登记期初余额。

(2) 根据资料编制会计分录。

(3) 根据会计分录按业务发生日期依次登记总分类账户及明细分类账户。

(4) 结出"原材料"和"应付账款"总分类账户及明细账分类账户本期发生额与期末余额，并进行核对。

第八章 财产清查

案例导入

大明大四毕业后到了一家规模不大的私营企业上班，负责仓库物资的保管工作。该企业是一个高档保温杯厂，由于企业的管理人员都是老板的家人或者亲戚，规章制度缺失，管理上比较混乱。一天，老板的侄子——市场部负责人张总想从仓库里拿几个保温杯回家使用。大明性格外向，善于交际，一直希望能到市场部工作，张总也几次说想调大明到市场部做总经理助理。大明一看是市场部的张总，二话没说，拿了几个保温杯就给了张总。期末盘点库存商品时，大明将张总拿走的几个保温杯都算入了本期销售的商品数量中。

思考：

(1) 该企业对库存商品采用的是什么盘存制度？

(2) 如果你是大明，面对这种情况会怎么做？

第一节 财产清查概述

一、财产清查的定义

财产清查也叫财产检查，是指对各项财产物资进行实地盘点、账面核对，对银行存款、往来款项进行查询、核对，查明各项财产物资、货币资金、往来款项的实有数，确定其账面结存数额和实际结存数额是否一致，以保证账实相符的一种会计专门方法。通过财产清查，可以查明各项财产物资、债权债务、所有者权益情况，加强物资管理，监督财产是否完整，并为正确确认、计量损益提供正确的资料。

企业的会计工作都要通过会计凭证的填制和审核，及时地在账簿中进行连续登记。应该说，这一过程能保证账簿记录的正确性，也能真实反映企业各项财产的实有数。各项财产的账实应该是一致的，但是，在实际工作中，由于种种原因，账簿记录会发生差错，各项财产的实际结存数也会发生差错。造成账存数与实存数发生差异的原因是多方面的，一般有以下几种情况：

(1) 在收发财产物资中，由于计量、检验不准确而造成品种、数量或质量上的差错；

(2) 财产物资在运输、保管、收发过程中，在数量上发生自然增减变化；

(3) 在财产增减变动中，由于手续不齐或计算、登记上的错误造成差错；

(4) 由于管理不善或工作人员失职，造成财产损失、变质或短缺等；

(5) 贪污盗窃、营私舞弊造成的损失；

(6) 自然灾害或意外事故造成的非正常损失；

(7) 未达账项造成的账账、账实不符等。

上述种种原因都会影响账实的一致性。因此，运用财产清查的手段，对各种财产物资进行定期或不定期的核对和盘点，具有十分重要的意义。

(1) 保证账实相符，使会计资料真实可靠。

财产清查可以确定各项财产物资的实际结存数，将账面结存数和实际结存数进行核对，揭示各项财产物资的溢缺情况，查明原因和责任，以便采取措施及时调整账面结存数，保证账簿记录的真实、可靠。

(2) 改善管理，使财产物资安全完整。

财产清查可以查明企业单位财产、商品、物资是否完整，有无管理不善造成的缺损、霉变、浪费现象，或者有无被非法挪用、贪污盗窃的情况，以便堵塞漏洞，改进和健全各种责任制，切实保障各项财产物资的安全完整。

(3) 挖掘财产潜力，加速资金周转。

财产清查可以及时查明各种财产物资的结存和利用情况。例如，发现企业有闲置不用的财产物资，应及时加以处理，以充分发挥它们的效能，这样可以使财产物资得到充分合理的利用，加速资金周转，提高企业的经济效益。

(4) 监督从业人员，保证财经纪律和结算纪律的执行。

财产清查可以检查会计主体对财经纪律和结算纪律的遵守情况，有无贪污盗窃、挪用公款的情况，同时，查明各项资金使用是否合理，是否符合党和国家的方针政策与法规，从而使从业人员更加自觉地遵纪守法，自觉维护和遵守财经纪律。

二、财产清查的种类

财产清查可以按不同的标准进行分类。按照清查的对象和范围分类，可以分为全面清查和局部清查；按照清查的时间分类，可以分为定期清查和不定期清查。下面分别加以说明。

(一) 全面清查和局部清查

全面清查是指对属于本企业单位或存放在本企业单位的全部财产和资金进行盘点与核对。其清查对象主要包括原材料、在产品、自制半成品、库存商品、现金、短期存(借)款、有价证券及外币、在途物资、委托加工物资、往来款项、固定资产等。全面清查的范围广，工作量大，一般在年终决算或企业撤销、合并或改变隶属关系时进行。

局部清查也称重点清查，是指根据需要只对财产中某些重点部分进行的清查，如流动性较强或重要的财产物资、应收债权等。除年度全面清查外，还应有计划地轮流盘点或重点抽查，及时解决发现的问题。库存现金应每日清点一次，银行存(借)款应按银行对账单逐笔核对，各项存货应有计划、有重点地抽查，各种贵重物资应每月至少清查一次。

(二) 定期清查和不定期清查

定期清查是指在规定的时间内进行的财产清查，它可以是全面清查，也可以是局部清查。一般在年、季、月终了后进行。

不定期清查也称临时清查，是指根据实际需要临时进行的财产清查。一般在以下情况会进行不定期清查：

(1) 更换出纳员时，对库存现金、银行存款所进行的清查；

(2) 更换仓库保管人员时，对其所保管的财产所进行的清查；

(3) 企业撤销、合并所进行的清查；

(4) 发生自然灾害或意外时所进行的清查等。

第二节　财产清查的方法

一、财产清查的准备工作

财产清查的准备工作是指企业在进行财产清查前应做的工作。财产清查是一项复杂细致的工作，它涉及面广、政策性强、工作量大，为了保质保量地完成此项工作，一般应在企业单位负责人(如厂长、经理等)的领导下，由会计、业务、仓库等有关部门的人员组成财产清查的专门班子，具体负责财产清查的领导工作。在清查前，必须首先做好以下几项准备工作：

(1) 清查小组制订财产计划，确定清查对象、范围，配备清查人员，明确清查任务。对需要使用的度量衡器，财产清查人员要提前校验正确；保证计量准确；对要用的所有表册，要准备妥当。

(2) 财务部门要将总账中的货币资金、财产物资和债权债务的有关账户及其所属的明细账、日记账等有关资料登记齐全，核对准确，结出余额。

(3) 保管部门要做好各种财产物资的入账工作，并与财务部门的财产物资核对相符；同时，将所保管的各种财产物资以及账簿、账卡挂上标签，标明品种、规格、结存数量，以备查对。

二、财产清查的方法

财产清查包括对实物资产的清查、库存现金的清查、银行存款的清查、往来款项的清查。

(一) 实物资产的清查

对各种实物，如材料、半成品、在产品、产成品、低值易耗品、包装物、固定资产等，都要从数量和质量上进行清查。由于实物的形态、体积、重量、堆放方式等不尽相同，因而所采用的清查方法也不尽相同。常见的盘点方法有以下几种。

(1) 实物盘点法。实物盘点法是指在财产物资存放现场逐一清点或用计量器具来确定其实存数的方法。这种方法适用的范围较广，多数财产物资的清查都可以采用这种方法，但是它的工作量大，如果事先能按照财产物资的实物形态进行科学的码放，有助于提高盘点的速度。

(2) 技术推算盘点法。技术推算盘点法对于财产物资不是逐一清点计数，而是通过技术方法推算财产物资的结存数量。这种方法主要适用于清查那些大量成堆、价值不高且难以逐一清点的财产物资，如露天堆放的煤、砂石、焦炭等。

实物质量的清查，应根据不同的实物采用不同的检查方法，如有的采用物理方法，有的采用化学方法来检查实物的质量。

在对实物进行清查的过程中，实物保管人员和盘点人员必须同时在场。实物盘点结果应如实登记在"盘存单"上，"盘存单"应由盘点人和实物保管人同时签章，以明确经济责任，并作为各项财产物资实存数额的书面证明。"盘存单"一般格式如表 8-1 所示。

表 8-1 盘 存 单

单位名称： 财产类别： 盘点时间：
存放地点： 编号： 单位：

编号	名称	计量单位	数量	单价	金额	备注

盘点人签章： 保管人：

盘点结束后，会计人员应将"盘存单"的实存数额与账面结存数额核对，确定盘盈或盘亏情况，根据盘存单和有关账簿的记录，编制"实存账存对比表"。"实存账存对比表"是财产物资清查的重要报表，是调整账簿记录的原始凭证，也是分析产生差异的原因、明确经济责任的重要依据。"实存账存对比表"的一般格式如表 8-2 所示。

表 8-2 实存账存对比表

编号	类别及名称	计量单位	单价	实存		账存		对比结果				备注
								盘盈		盘亏		
				数量	金额	数量	金额	数量	金额	数量	金额	

主管人员： 会计： 制表：

对于委托外单位加工和保管的材料、商品、物资以及在途的材料、商品、物资等，可以用询证的方法与有关单位进行核对，以查明账实是否相符。

★思政小课堂

2014 年 10 月，獐子岛的扇贝"突然跑了"，震惊整个 A 股市场。当时，獐子岛公告称，因北黄海遭遇几十年一遇的异常冷水团，公司在 2011 年和 2012 年播撒的 100 多万亩即将进入收获期的虾夷扇贝绝收。受此影响，獐子岛 2014 年巨亏 11.89 亿元。到 2018 年 1 月，獐子岛"扇贝跑路"升级 2.0 版本。到了 2019 年，獐子岛 2019 年一季度亏损 4 314 万元，理由依旧很熟悉，"底播虾夷扇贝受灾"，俗称"扇贝跑路"。

至此可以看出，獐子岛业绩数次变脸完全是人祸，当年为业绩变脸背锅而自由游走的扇贝终于得以昭雪。真实的会计信息对维护社会主义市场经济秩序具有重要作用，而一旦出现会计信息造假，不仅会扰乱经济秩序，影响国家经济运行的安全，还会滋生和助长腐败现象，企业也将自食恶果。

(二) 库存现金的清查

库存现金的清查，包括人民币和各种外币的清查，应采用实地盘点的方法。除现金出纳人员做到日清月结、账款相符外，单位还应组织清查人员进行定期或不定期清查，通过点票数来确定现金的实存数，然后以实存数与现金日记账的账面余额进行核对，以查明账实是否相符及盈亏情况。

每日业务终了，出纳人员都应将现金日记账的账面余额与现金的实存数进行核对，做到账实相符。盘点人员清查盘点时，出纳人员必须在场，现钞应逐张查点，应注意有无违反现金管理制度的现象。在清查过程中，不能用白条抵库，也就是不能用不具有法律效力的借条、收据等抵充现金。现金盘点后，应根据盘点情况编制"现金盘点报告表"。"现金盘点报告表"兼有"盘存单"和"实存账存对比表"的作用，是反映现金实有数和调整账等记录的重要原始凭证。"现金盘点报告表"应由盘点人员和出纳人员共同签章方能生效。其一般格式如表 8-3 所示。

表 8-3 现金盘点报告表

单位名称：   年   月   日

实存金额	账存金额	对 比 结 果		备注
		盘盈	盘亏	

盘点人：   出纳员：

国库券、其他金融债券、公司债券、股票等有价证券的清查方法和现金相同。

(三) 银行存款的清查

银行存款的清查，与实物、现金的清查方法不同，不是采用实地盘点法，而是采用对账单法。银行存款清查的对账单法，是采用与银行核对账目的方法来进行的，是指企业单位将其银行存款日记账与从银行取得的对账单进行逐笔核对，查明银行存款的收入、支出和结余记录是否正确。

开户银行送来的银行对账单是银行在收付企业单位存款时复写的账页，它完整地记录了企业单位存放在银行款项的增减变动情况及结存余额，是进行银行存款清查的重要依据。

在实际工作中，企业银行存款日记账余额与银行对账单余额不一致，其主要原因有两个：一是双方账目发生错账、漏账。所以，在与银行核对账目之前，应先仔细检查企业单位银行存款日记账的正确性和完整性，然后再将其与银行送来的对账单逐笔进行核对。二是正常的"未达账项"。所谓"未达账项"，是指企业与银行对于同一项业务，由于取得凭证的时间不同而发生的一方已取得凭证并登记入账，但另一方尚未取得凭证而尚未入账的款项。"未达账项"一般有以下两种类型：

(1) 企业已入账，但银行尚未入账。

① 企业送存银行的款项，企业已作为存款增加入账，但银行尚未入账。

② 企业开出支票或其他付款凭证，企业已作为存款减少入账，但银行尚未付款、尚未记账。

(2) 银行已入账，但企业尚未入账。

① 银行代企业收进的款项，银行已作为企业存款的增加入账，但企业尚未收到通知，因而未入账。

② 银行代企业支付的款项，银行已作为企业存款的减少入账，但企业尚未收到通知，因而未入账。

上述任何一种情况的发生，都会使双方的账面存款余额不一致。因此，为了查明企业单位和银行双方账目记录有无差错，同时也是为了发现未达账项，在进行银行存款清查时，必须将企业单位的银行存款日记账与银行对账单逐笔核对。核对的内容包括收付金额、结算凭证的种类和号数、收入来源、支出的用途、发生的时间、某日止的金额等。通过核对，如果发现银行有错账或漏账，应及时通知银行查明更正；如果发现有未达账项，则应据以编制"银行存款余额调节表"进行调节，并验证调节后的余额是否相等。

【例 8-1】 2023 年 6 月 30 日，先锋企业银行存款日记账的账面余额为 104 000 元，银行对账单的余额为 100 000 元，经逐笔核对，发现有下列未达账项：

(1) 29 日，企业销售产品收到转账支票一张，计 15 000 元，将支票存入银行，银行尚未办理入账手续。

(2) 30 日，银行代付电费 2 000 元，付款通知尚未到达企业，企业尚未入账。

(3) 30 日，银行代企业收回货款 12 000 元，收款通知尚未到达企业，企业尚未入账。

(4) 30 日，企业开出转账支票一张，计 1 000 元，持票人尚未到银行办理转账手续，银行尚未入账。

编制"银行存款余额表"如表 8-4 所示。

表 8-4 银行存款余额调节表

项　　目	金额	项　　目	金额
企业银行存款账面余额	104 000	银行对账单账面余额	100 000
加：银行已记增加，企业未记增加的账项银行代收货款	12 000	加：企业已记增加，银行未记增加的账项存入的转账支票	15 000
减：银行已记减少，企业未记减少的账项银行代付电费	2 000	减：企业已记减少，银行未记减少的账项开出转账支票	1 000
调节后存款余额	114 000	调节后存款余额	114 000

经过"银行存款余额调节表"调节后，若双方余额相等，则表明双方记账基本正确，

而这个相等的金额表示企业可动用的银行存款实有数；若不相等，则表明企业及银行一方或双方存在记账错误，应进一步查明原因，采用正确的方法予以更正。

需要注意的是，企业不能根据调节后的存款余额调整存款日记账的余额，不能根据"银行存款余额调节表"来编制会计分录，从而作为记账依据。对于银行已经入账而企业尚未入账的未达账项，企业应在收到银行的结算凭证后再进行有关账务处理。另外，对于长期悬置的未达账项，应及时查明原因，予以解决。

上述银行存款的清查方法，也适用于各种银行借款的清查。但在清查银行借款时，还应检查借款是否按规定的用途使用，是否按期归还。

(四) 往来款项的清查

往来款项的清查，是指企业单位与其他企业单位或个人之间的各种应收账款、应付账款、预收账款、预付账款及其他应收、应付款项的清查，一般采用与对方单位核对账目的方法。在检查各单位结算往来款项账目正确性和完整性的基础上，应根据有关明细分类账的记录，按用户编制"往来款项对账单"，派人或发函送达对方单位。对账单一般一式两联，其中一联作为回单。如果对方单位核对相符，应在回单联上加盖公章后退回，表示核对相符；如果核对不符，对方应在回单联上注明情况，或另抄对账单退回，以便进一步清查。在核查过程中，如果发现未达账项，双方都应采用调节账面余额的方法来核对往来款项是否相符。尤其应注意查明有无双方发生争议的款项、没有希望收回的款项以及无法支付的款项，以便及时采取措施进行处理，避免或减少坏账损失。

第三节　财产清查结果的处理

一、财产清查结果处理的要求

对于财产清查中所发现的财产管理和确认、计量方面存在的问题，企业应核实情况，认真分析研究，调查产生的原因，按照国家相关法律法规的规定进行相应处理。为此，应切实做好以下几个方面的工作：

(1) 分析产生差异的原因，提出处理建议。

通过财产清查所确定的清查资料和账簿记录之间的差异，如财产的盘盈、盘亏、多余积压以及逾期债权、债务等，财产清查人员都要认真查明其性质和原因，明确经济责任，提出处理建议，按照规定程序经有关部门批准后，予以认真严肃的处理。财产清查人员应以高度的责任心，深入调查研究，实事求是，问题定性要准确，处理方法要得当。

(2) 总结经验教训，建立、健全各项规章制度。

财产清查以后，针对所发现的问题和缺点，财产清查人员应当认真总结经验教训，表扬先进，巩固成绩，发扬优点，克服缺点，做好工作。同时，要建立和健全以岗位责任制为中心的财产管理制度，切实提出改进工作的措施，进一步加强财产管理，保护财产的安全和完整。

（3）及时调整账簿记录，保证账账、账实相符。

财产清查的重要任务之一就是保证账实相符，财会部门对于财产清查中所发现的差异，根据查明的原因，在报经审批后，必须及时地进行账簿记录的调整，以保证账账、账实相符，提高会计资料的准确性。

二、财产清查结果的处理步骤与方法

由于财产清查结果的处理要报请审批，所以在账务处理上通常分两步进行：

第一步，审批之前的处理。

根据已经查实的数据资料，将财产清查中发现的盘盈、盘亏或毁损数，通过"待处理财产损溢"账户登记有关账簿，以调整有关账面记录，使账存数和实存数相一致。同时，根据权限将处理建议报股东大会(或董事会)或经理(或厂长)会议(或类似机构)批准。

第二步，审批之后的处理。

企业单位清查的各种财产损溢应于期末前查明原因，并根据企业单位的管理权限，经股东大会(或董事会)或经理(或厂长)会议(或类似机构)批准后，从"待处理财产损溢"账户转入有关账户。

三、财产清查结果的账务处理

"待处理财产损溢"账户是一个暂记账户，它是专门用来确认、计量企业在财产清查过程中查明的各种财产物资的盘盈、盘亏和毁损的账户，在该科目下设置"待处理非流动资产损溢""待处理流动资产损溢"两个明细科目。该账户属于双重性质账户，借方用来登记各种财产物资盘亏、毁损数及按照规定程序批准的盘盈转销数，贷方用来登记各种财产物资的盘盈数及按照规定程序批准的盘亏、毁损转销数。期末如有借方余额，表示尚未处理的各种物资的净损失数；期末如有贷方余额，表示尚未处理的各种财产物资的净溢余数。

对于财产清查中各种材料、在产品和产成品的盘盈和盘亏，属于以下正常原因的，一般增加或冲减费用：在收发物资中，计量、检验不准确；财产物资在运输、保管、收发过程中，在数量上发生自然增减变化；手续不齐或在计算、登记上发生错误。属于管理不善或工作人员失职造成财产损失、变质或短缺的，应由过失人负责赔偿的，应增加其他应收款。属于贪污盗窃、营私舞弊造成的损失或自然灾害造成的非正常损失，应增加营业外支出。另外，对于财产清查中固定资产盘盈，作为前期差错来进行处理，盘亏固定资产在按规定报请审批后，其盘亏净值增加营业外支出。

【例 8-2】　先锋公司在财产清查中，盘盈 A 材料 100 千克，该材料的实际成本为每千克 50 元。

报经批准前，根据"实存账存对比表"的记录，编制会计分录如下：

借：原材料——A 材料　　　　　　　　　　　　5 000
　　贷：待处理财产损溢——待处理流动资产损溢　　　　　5 000

经查明，这项盘盈材料因计量仪器不准造成生产领用少付多算，所以，经有关部门批准，同意冲减本月管理费用，编制会计分录如下：

借：待处理财产损溢——待处理流动资产损溢　　　　5 000
　　贷：管理费用　　　　　　　　　　　　　　　　　5 000

【例 8-3】 在财产清查中，盘亏 B 材料 100 千克，实际总成本 10 000 元。

报经批准前，先调整账面余额，编制会计分录如下：

借：待处理财产损溢——待处理流动资产损溢　　　　　　10 000

　　贷：原材料——甲材料　　　　　　　　　　　　　　　　10 000

报经批准后，如果属于自然损耗产生的定额内损耗，则应作为管理费用，计入本期损益，编制会计分录如下：

借：管理费用　　　　　　　　　　　　　　　　　　　10 000

　　贷：待处理财产损溢——待处理流动资产损溢　　　　　10 000

如果属于管理人员过失造成的损失则应由过失人赔偿，编制会计分录如下：

借：其他应收款——某某人　　　　　　　　　　　　　10 000

　　贷：待处理财产损溢——待处理流动资产损溢　　　　　10 000

如果属于非常灾害造成的损失应经批准列作营业外支出，编制会计分录如下：

借：营业外支出　　　　　　　　　　　　　　　　　　10 000

　　贷：待处理财产损溢——待处理流动资产损溢　　　　　10 000

【例 8-4】 先锋公司在财产清查中，发现一台未入账的设备，估计重置价值 6 000 元，估计八成新，余额为 4 800 元。

在审批之前，编制会计分录如下：

借：固定资产　　　　　　　　　　　　　　　　　　　4 800

　　贷：以前年度损益调整　　　　　　　　　　　　　　　4 800

报经批准后，编制会计分录如下：

借：以前年度损益调整　　　　　　　　　　　　　　　4 800

　　贷：应缴税费——应缴所得税　　　　　　　　　　　　1 200

　　　　盈余公积　　　　　　　　　　　　　　　　　　　360

　　　　利润分配——未分配利润　　　　　　　　　　　　3 240

【例 8-5】 先锋公司在财产清查中，发现短缺设备一台，账面原值 15 000 元，已提折旧 8 000 元。

在审批之前，编制会计分录如下：

借：待处理财产损溢——待处理非流动资产损溢　　　　7 000

　　累计折旧　　　　　　　　　　　　　　　　　　　8 000

　　贷：固定资产　　　　　　　　　　　　　　　　　　15 000

报经批准后，编制会计分录如下：

借：营业外支出　　　　　　　　　　　　　　　　　　7 000

　　贷：待处理财产损溢——待处理非流动资产损溢　　　　7 000

【例 8-6】 在财产清查中，查明确实无法收回的账款 30 000 元，经批准作为坏账损失。

坏账损失是指因无法收回的应收账款而使企业遭受的损失。按制度规定，在会计确认、计量中对坏账损失的处理采用备抵法，即按一定比例提取"坏账准备"计入当期管理费用。因此，对于这笔确属无法收回的应收账款，应按照规定的手续审批后，以批准的文件为原始凭证，做坏账损失处理，冲减"坏账准备"账户。"坏账准备"是资产类的账户，是"应收账款"的抵减账户，用来核算坏账准备的提取和转销情况，贷方登记提取数，借方登记

冲销数, 余额在贷方表示已经提取尚未冲销的坏账。编制会计分录如下:

    借: 坏账准备   30 000

          贷: 应收账款(或其他应收款)   30 000

对于应付购货款项, 如确实无法支付, 可按制度规定, 经批准后直接转为营业外收入, 在"营业外收入"账户确认、计量。企业在财产清查中查明的有关债权、债务的坏账收入或坏账损失, 经批准后, 按照上述会计分录直接进行转销, 不需要通过"待处理财产损溢"账户核算。

案例分析

某企业的副总李某将企业在用的机器设备借给其亲属使用, 但未办理任何手续。年底清查人员盘点时发现盘亏了一台设备, 原值 500 000 元, 已提折旧 100 000 元, 净值为 400 000 元。经调查得知是李某所为, 于是派人向其亲属索要, 但对方称该设备已被偷走。当问及李某对此的处理意见时, 他建议按正常报废处理。

分析:

盘亏的设备按正常报废处理是否符合规定? 企业应该怎样正确处理盘亏的资产?

实 训

◆ **实训目的**

掌握财产清查方法。

◆ **实训资料**

先锋公司 2022 年 12 月 31 日银行存款日记账账面余额为 81 778 元, 开户银行送来的对账单所列示的本企业存款余额为 89 332 元。经逐笔核对, 发现有如下未达账项。

(1) 12 月 28 日, 公司为支付职工的差旅费开出现金支票一张, 金额为 11 220 元, 持票人尚未提现。

(2) 12 月 29 日, 公司因销售产品收到转账支票一张, 金额 18 854 元, 已开具送款单送存开户银行, 但开户银行尚未入账。

(3) 12 月 30 日, 公司经济纠纷败诉, 银行代扣违约金 2 460 元, 公司尚未收到通知而未入账。

(4) 12 月 31 日, 银行计算企业存款利息 17 648 元, 已记入公司存款户, 公司尚未收到通知而未入账。

◆ **实训要求**

(1) 根据以上资料, 编制银行存款余额调节表(见表 8-5)。

表 8-5 银行存款余额调节表

项 目	金 额	项 目	金 额
银行对账单余额		银行存款日记账余额	
加: 企业已收银行未收		加: 银行已收企业未收	
减: 企业已付银行未付		减: 银行已付企业未付	
调整后余额		调整后余额	

(2) 先锋公司 2022 年 12 月 31 日进行财产清查，发现下列情况，请写出相应的会计分录(见表 8-6)。

表 8-6 先 锋 公 司

交易或事项	分 录
(1) A 材料盘亏 15 千克，每千克 30 元。经查属于自然损耗产生的定额内损耗，批准后转入管理费用	
(2) B 材料毁损 150 千克，每千克 20 元。经查是台风袭击仓库所致，批准后转入营业外支出	
(3) 盘盈电脑一台，重置价值 5 000 元，鉴定七成新。经批准后将其净值转入营业外收入	
(4) 盘亏设备一台，账面原价 65 000 元，已提折旧为 1 400 元。经批准后将其净值转入营业外支出	
(5) C 材料盘盈 30 千克，每千克 15 元。经查是材料收发过程中计量误差累计所致，批准后冲减管理费用	
(6) 公司应付某单位货款 3 000 元，因该单位撤销而无法支付	
(7) 公司某职工所欠 500 元，由于该职工调出公司无法收回，批准后冲减坏账准备金	

第九章　财务报告

案例导入

2023 年 9 月 3 日，先锋公司财务经理找到会计小张，让其根据科目余额表编制先锋公司 2023 年 8 月相关的资产负债表和利润表。小张将各科目余额表对应的记账科目按照财务报告编制相关规定填入资产负债表及利润表项目，编制完成后根据财务报表相关基础等式"资产＝负债＋所有者权益""收入－费用＝利润""期初未分配利润＋本期净利润＝期末未分配利润"进行报表内部及报表之间钩稽关系的检验，以确保财务报表的准确性。

已知先锋公司 2023 年 8 月相关科目余额表部分数据如下：

(1) 库存现金 5 万元；

(2) 银行存款 231 万元；

(3) 应收账款 121 万元；

(4) 坏账准备 3 万元；

(5) 固定资产 24 万元；

(6) 累计折旧 5 万元；

(7) 短期借款 50 万元；

(8) 应缴税费 15 万元；

(9) 实收资本 200 万元；

(10) 主营业务收入 250 万元；

(11) 管理费用 42 万元。

思考：

(1) 上述各项目应分别填入哪个报表？对应哪个报表项目？应如何填列？

(2) 从会计科目到财务报表项目是如何过渡的？二者有何异同？可否用会计科目直接作为报表项目列示？是否有其他更好的列报形式？

(3) 资产负债表到利润表的试算平衡是否必然成立？如果不成立会出现什么问题？

第一节 财务报告概述

一、财务报告的含义

财务会计报告是企业对外提供的反映企业某一特定日期的财务状况和某一会计期间的经营成果、现金流量等相关会计信息的结构性表述。财务会计报告是企业会计信息的主要载体，是会计确认、计量的最终结果，是对会计工作的定期总结。一套完整的财务报告由资产负债表、利润表、所有者权益变动表、现金流量表、附注以及其他应当在财务会计报告中披露的相关信息、资料组成(简称"四表一注")。

二、财务报表的种类

财务报表也称会计报表，是财务报告的核心。根据不同的分类标准，财务报表可以按照以下方式进行分类。

(一) 按照编报期间分类

按其编报期间不同，财务报表可分为中期财务报表和年度财务报表。

(1) 中期财务报表是指报告期间短于一个完整会计年度的报表，如月报、季报、半年报。

(2) 年度财务报表是指报告期间为一个完整的会计年度，简称年报，每年末进行编制。

(二) 按照编报主体分类

按其编报主体不同，财务报表可分为个别财务报表和合并财务报表。

(1) 个别财务报表是指财务数据仅包括本公司，以本公司会计确认、计量为基础编制，反映企业自身财务状况、经营成果和现金流量的会计报表。

(2) 合并财务报表是指由母公司或控股公司编制的，以母公司或控股公司的个别报表为基础编制的综合反映企业集团财务状况、经营成果和现金流量情况的会计报表。

(三) 按照经济内容分类

按反映的经济内容不同，财务报表可分为静态财务报表和动态财务报表。

(1) 静态财务报表是指综合反映企业某一特定日期资产、负债和所有者权益状况的报表，如资产负债表。静态财务报表的数字来自有关账簿的期末余额。

(2) 动态财务报表是指综合反映企业一定时期的经营成果或现金流量情况的会计报表，如利润表、现金流量表和所有者权益变动表。动态财务报表的数字来自有关账簿的本期发生额。

三、财务会计报告的目标

财务会计报告的目标主要有以下两点：

(1) 向财务报告使用者提供对决策有用的信息。

企业编制财务报告主要是为了满足财务报告使用者的财务决策需要，其有助于财务报告使用者根据财务报告提供的相关信息做出经济决策。因此，向财务报告使用者提供对决策有用的信息是财务报告的基本目标。如果企业在财务报告中提供的会计信息与使用者的决策无关，没有任何使用价值，那么财务报告就失去了编制的意义。

(2) 反映企业管理层受托责任的履行情况。

在现代公司制度下，企业所有权和经营权分离，所有者往往不参与生产经营，其通过查阅相关财务会计报告能了解企业管理层保管、使用资产，以及经营等各方面的情况。财务会计报告的相关信息同时也反映了管理层受托责任的履行情况。

四、财务会计报告编制的基本要求

(一) 数据真实

财务会计报告是财务报告使用者重要的财务信息来源，因此要求其各项数字真实可靠，客观地反映企业的财务状况、经营成果和现金流量，严禁弄虚作假、隐瞒谎报数据。

★思政小课堂

财务会计报告的编制是会计确认、计量、记录和报告的重要环节之一，也是《中华人民共和国会计法》加以规范的核心内容之一。随着社会主义市场经济体制的建立和发展，我国对财务报告的合法合规性的审查也在逐渐加强。《中华人民共和国会计法》第五条规定：任何单位或者个人不得以任何方式授意、指使、强令会计机构、会计人员伪造、变造会计凭证、会计账簿和其他会计资料，提供虚假财务会计报告。

山东龙力生物科技股份有限公司(简称龙力生物)成立于2001年6月，是国家高新技术企业，"龙力"商标为中国驰名商标。公司坚持"源于自然、开启健康"的品牌理念，在品牌建设上凭借管理的高效率、产品的高品质，已成为中国低聚木糖产品的标杆企业。然而就是这样一家国家寄予厚望、百姓充满期待的优质企业，2021年经中国证监会查出在2015年至2017年通过删改财务数据、伪造会计凭证等方式，导致2015年度虚增资产近5亿元，虚减负债17亿余元，虚增利润近1.4亿元；2016年度虚增资产近1.3亿元，虚减负债28亿余元，虚增利润近2.5亿元；2017半年度虚减负债29亿余元，虚增利润近2亿元。如此虚假的财务报告反馈给报告使用者，导致市场股价大幅波动，给股民造成巨额损失。

当代社会机遇与挑战并存，如何在巨额的利益面前不受诱惑、坚守本心、诚信经营、脚踏实地是对每个人的考验。当然，龙力生物的负责人有着不可推卸的责任，但作为财务人员，是否也应该引以为戒？在工作过程中要严格培养遵纪守法的法治意识、真实客观的职业品质、仔细谨慎的职业态度、诚信为本的职业素养。这也是社会主义核心价值观的体现。

(二) 内容完整

财务会计报告必须全面地反映企业的财务状况、经营成果和现金流量，各财务会计报告之间、财务会计报告的各项指标之间是相互联系、互为补充的。因此，企业要按照国家统一规定的内容和格式要求进行填报，不得漏报。

(三) 计算准确

财务会计报告必须在账账相符、账实相符的基础上编制，并对报告中的各项指标认真计算，做到账表相符，以保证会计信息的准确性。

(四) 编报及时

财务会计报告必须在规定的期限内及时报送，使相关财务报告使用者能及时了解企业的财务状况、经营成果和现金流量，以保证会计信息使用者进行决策的时效性。

第二节　资产负债表的编制

一、资产负债表概述

(一) 资产负债表的概念

资产负债表是反映企业在某一特定日期(如月末、季末、年末)财务状况的财务报表，是企业经营活动某一时点数据的静态体现。它根据"资产＝负债＋所有者权益"这一平衡公式，依照一定的分类标准和一定的次序，将某一特定日期的资产、负债、所有者权益的具体项目予以适当的排列编制而成。

(二) 资产负债表的作用

资产负债表具有以下作用：

(1) 可以提供某一日期资产的总额及其结构，反映企业资产的构成及其状况，表明企业拥有或控制的资源及其分布情况。

(2) 可以提供某一日期的负债总额及其结构，揭示公司的负债来源及其构成，表明企业未来需要用多少资产或劳务清偿债务以及清偿时间。

(3) 可以反映所有者所拥有的权益，了解企业现有投资者在企业投资总额中所占的份额，据此判断资本保值、增值的情况以及对负债的保障程度。

二、资产负债表的结构

资产负债表由表首和正表两部分组成。表首部分应列明报表名称、编制单位名称、资产负债表日和货币单位。正表部分反映资产、负债和所有者权益的内容。资产负债表分左右两列，左侧列示资产(分为流动资产和非流动资产)，右侧列示负债(分为流动负债和非流动负债)和所有者权益。每个项目又分为期末余额和期初余额两栏。各项资产、负债按流动性排列，所有者权益项目按稳定性排列。

资产负债表具体格式及相关项目详见表9-1。

表9-1 资产负债表

编制单位：　　　　　　　　　　年　月　日　　　　　　　　　　单位：

资　　产	期末余额	期初余额	负债和所有者权益	期末余额	期初余额
流动资产：			流动负债：		
货币资金			短期借款		
交易性金融资产			应付票据		
应收票据			应付账款		
应收账款			预收账款		
预付账款			应付职工薪酬		
应收利息			应缴税费		
应收股利			应付利息		
其他应收款			应付股利		
存货			其他应付款		
一年内到期的非流动资产			一年内到期的非流动负债		
其他流动资产			流动负债合计		
流动资产合计			非流动负债：		
非流动资产：			长期借款		
长期应收款			应付债券		
长期股权投资			非流动负债合计		
固定资产			所有者权益：		
在建工程			实收资本		
无形资产			资本公积		
长期待摊费用			盈余公积		
其他非流动资产			未分配利润		
非流动资产合计			所有者权益合计		
资产合计			负债和所有者权益合计		

三、资产负债表的编制

资产负债表各项目的填列，包括"期初余额"的填列、"期末余额"的填列及主要项目的填列，具体方法见以下内容。

(一)"期初余额"的填列方法

"期初余额"各项目,应根据上年末资产负债表的"期末余额"填列。如果本年度资产负债表各个项目的名称、内容与上年不一致,应根据本年度的规定对上年末资产负债表各个项目数据进行调整,将调整后的数字填入资产负债表的"期初余额"。

(二)"期末余额"的填列方法

"期末余额"各项目,应根据资产、负债和所有者权益类科目的"期末余额"填列。

(1) 根据一个或几个总账科目的余额填列。

① 根据一个总账账户余额直接填列。例如,交易性金融资产、应收股利、短期借款、应付票据、应缴税费、应付利息、应付股利、应付职工薪酬、实收资本、资本公积、盈余公积等大部分资产负债表项目,应根据各自总账科目的余额直接填列。

② 根据几个总账账户余额计算填列。例如,货币资金项目需根据库存现金、银行存款、其他货币资金三个总账科目的期末余额的合计数填列。

(2) 根据明细账科目余额计算填列。例如,应收账款项目需要根据应收账款和预收账款两个科目所属的相关明细科目的期末借方余额减去"坏账准备"账户的贷方余额计算填列;应付账款项目需要根据应付账款和预付账款两个科目所属的相关明细科目的期末贷方余额计算填列。

(3) 根据总账科目和明细账科目余额分析计算填列。例如,长期借款项目需要根据长期借款总账期末余额,扣除长期借款总账所属明细账中反映的、将在 1 年内到期且企业不能自主地将清偿义务展期的长期借款部分,分析计算填列。

(4) 根据有关科目余额减去其备抵科目余额后的净额填列。例如,固定资产项目应当根据固定资产科目的期末余额减去累计折旧、固定资产减值准备科目余额后的净额填列;无形资产项目应当根据无形资产科目的期末余额减去累计摊销、无形资产减值准备科目余额后的净额填列。

(5) 综合运用上述填列方法分析填列。例如,存货项目应根据材料采购、原材料、发出商品、库存商品、周转材料、委托加工物资、生产成本、受托代销商品等科目期末余额合计,减去存货跌价准备科目期末余额后的金额填列;材料采用计划成本确认计量、库存商品采用计划成本确认计量或售价确认计量的企业,还应按加或减材料成本差异、商品进销差价后的金额填列。

(三) 资产负债表主要项目的填列方法

(1)"货币资金"项目反映企业库存现金、银行存款、外埠存款、银行汇票存款等的合计数。本项目应根据"库存现金""银行存款""其他货币资金"账户的期末余额合计数填列。

(2)"交易性金融资产"项目反映企业为短期获利而持有的能在短期内变现的债券、股票、基金投资等交易性金融资产的公允价值。本项目应根据"交易性金融资产"账户的期末余额填列。

(3)"应收票据"项目反映企业应收未收的因经营业务产生的商业汇票,包括商业承兑汇票和银行承兑汇票。本项目应根据"应收票据"账户的期末余额减去相应"坏账准备"账户中有关应收票据计提的"坏账准备"余额后的金额填列。

(4)"应收账款"项目反映企业应收未收的因销售商品、提供劳务而应向购买单位收取的各种款项。本项目应根据"应收账款"和"预收账款"账户所属各明细账户的期末借方余额合计,减去"坏账准备"账户中有关应收账款计提的"坏账准备"期末余额后的金额填列。如果"应收账款"所属明细账期末有贷方余额,应重分类进"预收账款"项目。

(5)"预付账款"项目反映企业因采购材料或劳务预付供应商的款项。本项目根据"预付账款"和"应付账款"账户所属各明细账户的期末借方余额合计填列。如果"预付账款"所属明细账期末有贷方余额,应重分类进"应付账款"项目。

(6)"应收利息"项目反映企业因持有交易性金融资产、持有至到期投资和可供出售金融资产等各项债券投资应收取的利息。本项目应根据"应收利息"账户的期末余额填列。

(7)"应收股利"项目反映企业因股权投资而应收取的现金股利或其他单位分配的利润。本项目根据"应收股利"账户期末余额填列。

(8)"其他应收款"项目反映企业对其他单位和个人的应收、暂付的款项。本项目应根据"其他应收款"账户的期末余额,减去"坏账准备"账户中有关其他应收款计提的"坏账准备"期末余额后的金额填列。

(9)"存货"项目反映企业期末在途、加工中、库存的各项存货价值。本项目应根据"在途物资(材料采购)""原材料""库存商品""周转材料""委托加工物资""生产成本"等账户的期末余额合计,减去"存货跌价准备"账户期末余额后的金额填列。

(10)"固定资产"项目反映企业固定资产账面价值。本项目根据"固定资产"账户期末余额减去"累计折旧""固定资产减值准备"账户期末余额后的金额填列。

(11)"无形资产"项目反映企业持有的各项无形资产的账面价值。本项目应根据"无形资产"账户期末余额减去"累计摊销""无形资产减值准备"账户的期末余额后的金额填列。

(12)"短期借款"项目反映企业向银行或者其他金融机构借入尚未归还的 1 年期以下(含 1 年)的借款。本项目应根据"短期借款"账户的期末余额填列。

(13)"应付票据"项目反映企业因购买商品或劳务而开出并承兑的、尚未到期付款的商业汇票,包括银行承兑汇票和商业承兑汇票。本项目应根据"应付票据"账户的期末余额填列。

(14)"应付账款"项目反映企业因购买商品或劳务而应付给供应商的各种款项。本项目应根据"应付账款"和"预付账款"账户所属各明细账户的期末贷方余额合计填列。"应付账款"所属明细账期末有借方余额的应重分类进"预付账款"项目。

(15)"预收账款"项目反映企业因销售商品或提供劳务而预收的各种款项。本项目根据"预收账款"和"应收账款"账户所属各明细账户的期末贷方余额合计填列。如果"预收账款"所属明细账期末有借方余额应重分类进"应收账款"项目。

(16)"应付职工薪酬"项目反映企业应付未付的工资和社会保险费等各项职工薪酬。本项目应根据"应付职工薪酬"账户的期末贷方余额填列,如"应付职工薪酬"账户期末为借方余额,以"－"号填列。

(17)"应缴税费"项目反映企业期末应缴未缴的各种税金。本项目应根据"应缴税费"

账户的期末贷方余额填列,如"应缴税费"账户期末为借方余额,以"－"号填列。

(18)"应付利息"项目反映企业应付未付的各种利息。本项目根据"应付利息"账户期末余额填列。

(19)"应付股利"项目反映企业尚未支付的现金股利。本项目应根据"应付股利"账户的期末贷方余额直接填列。

(20)"其他应付款"项目反映企业应付暂收其他单位或个人的款项。本项目应根据"其他应付款"账户的期末余额填列。

(21)"长期借款"项目反映企业向银行或者其他金融机构借入尚未归还且期限在 1 年期以上(不含 1 年)的各期借款。本项目应根据"长期借款"账户的期末余额减去 1 年内到期部分的金额填列。

(22)"应付债券"项目反映企业尚未偿还的发行期限超过一年的债券本金和利息。本项目根据"应付债券"账户期末余额减去一年内到期部分的金额填列。

(23)"实收资本"项目反映企业收到投资者实际投入的资本。本项目应根据"实收资本"账户的期末余额填列。

(24)"资本公积"项目反映企业资本公积的期末余额。本项目应根据"资本公积"账户的期末余额填列。

(25)"盈余公积"项目反映企业盈余公积的期末余额。本项目应根据"盈余公积"账户的期末余额填列。

(26)"未分配利润"项目反映企业尚未分配的利润。本项目应根据"本年利润"账户和"利润分配"账户的期末余额计算填列,如为未弥补的亏损,在本项目内以"－"号填列。

第三节　利润表的编制

一、利润表概述

(一) 利润表的概念

利润表是反映企业在一定会计期间(如月度、季度、半年度或年度)经营成果的财务报表,属于一定会计期间的动态财务报表。它根据"收入－费用＝利润"的等式编制,全面揭示企业在某一特定期间实现的收入、发生的费用以及企业实现的利润或发生的亏损情况。所以,利润表有时也称为损益表、收益表。

(二) 利润表的作用

利润表具有以下作用:

(1) 反映一定会计期间收入的实现情况。

利润表中列示的营业收入、投资收益、营业外收入等各项收入反映企业一定期间的收入实现情况。财务报表使用者可以据此分析企业各收入项目的构成比例的合理性。通过收入的构成也可以判断企业的获利能力并预测企业的发展趋势。

(2) 反映一定会计期间的费用耗费情况。

利润表中列示的营业成本、营业税金及附加、销售费用、管理费用、财务费用等各项费用反映企业一定期间的耗费情况。财务报表使用者可以据此判断各费用的构成比例的合理性。各费用的耗费情况也可以作为企业盈利补偿耗费的尺度。

(3) 反映企业经营成果的实现情况。

企业经营成果是营业收入扣除相关费用后的余额，它展示了企业一定期间的盈利能力。利润表中的营业利润、利润总额、净利润从不同方面反映了企业的经营成果，有助于财务报表使用者判断该企业净利润的质量和获利能力。

二、利润表的结构

利润表常见的格式有两种：单步式利润表和多步式利润表。在我国，企业应当采用多步式利润表，它分项列示企业在一定会计期间的各项收入以及相对应的各项成本、费用、损失，并将收入与对应的成本、费用、损失进行计算，以便得出一些中间性的利润数据，最终得出当期的净利润，帮助使用者理解企业经营成果的不同来源。

利润表通常包括表首和正表两部分。表首应该列明报表名称、编制单位名称、财务报表涵盖的会计期间和货币单位等内容；正表反映形成经营成果的各个项目及经营成果的计算过程。利润表如表 9-2 所示。

表9-2 利 润 表

编制单位：　　　　　　　　　　　　年　　月　　　　　　　　　　　单位：

项　　　目	本期金额	上期金额
一、营业收入		
减：营业成本		
税金及附加		
销售费用		
管理费用		
财务费用		
信用减值损失		
资产减值损失		
加：公允价值变动收益(损失以"－"号填列)		
投资收益(损失以"－"号填列)		
其中：对联营企业的投资收益		
加：资产处置收益(损失以"－"号填列)		

项 目	本期金额	上期金额
二、营业利润(亏损以"－"号填列)		
加：营业外收入		
减：营业外支出		
三、利润总额(亏损以"－"号填列)		
减：所得税费用		
四、净利润(亏损以"－"号填列)		
五、其他综合收益的税后净额		
(一) 不能重分类进损益的其他综合收益		
(二) 将重分类进损益的其他综合收益		
六、综合收益总额		
七、每股收益		
(一) 基本每股收益		
(二) 稀释每股收益		

三、利润表的编制方法

《企业会计准则》规定：会计报表至少应当反映两个会计期间的比较数据。利润表各项应填列"上期金额"(即上年同期金额)和"本期金额"(即本期实际发生金额)。

(一) "上期金额"栏的填列方法

"上期金额"栏应根据上年该期利润表"本期金额"栏内所列数字填列。如果上年该期利润表规定的各个项目的名称和内容同本期不一致，应对上年该期利润表各项目的名称和数字按本期的规定进行调整，填入本期利润表"上期金额"栏内。

(二) "本期金额"栏的填列方法

1. 利润表各具体项目填列方法

(1) 营业收入项目，反映企业经营业务所得的收入总额。本项目应根据主营业务收入和其他业务收入账户的发生额分析填列。

(2) 营业成本项目，反映企业经营业务发生的实际成本。本项目应根据主营业务成本和其他业务成本账户的发生额分析填列。

(3) 税金及附加项目，反映企业经营业务应负担的消费税、城市维护建设税、资源税、土地增值税、教育费附加、房产税、车船税、城镇土地使用税等。本项目应根据税金及附加账户的发生额分析填列。

(4) 销售费用项目，反映企业在销售商品过程中，为销售而专设销售部门等发生的支出。本项目应根据销售费用账户的发生额分析填列。

(5) 管理费用项目，反映企业为经营管理而发生的费用。本项目应根据管理费用账户的发生额分析填列。

(6) 财务费用项目，反映企业筹资发生的利息费用等。本项目应根据财务费用账户的发生额分析填列。

(7) 信用减值损失项目，反映企业发生的应收款项信用减值损失。本项目应根据信用减值损失账户的发生额分析填列。

(8) 资产减值损失项目，反映企业发生的除应收款项外其他各项资产减值损失。本项目应根据资产减值损失账户的发生额分析填列。

(9) 公允价值变动收益项目，反映企业交易性金融资产等公允价值变动所形成的当期利得和损失。本项目应根据公允价值变动收益账户的发生额分析填列，如为损失，以"－"号填列。

(10) 投资收益项目，反映企业以各种方式对外投资所取得的收益。本项目应根据投资收益账户的发生额分析填列，如为投资损失，以"－"号填列。

(11) 资产处置收益项目，反映企业出售划分为持有待售的非流动资产(金融工具、长期股权投资和投资性房地产除外)时确认的处置利得或损失，以及处置未划分为持有待售的固定资产、在建工程、生产性生物资产及无形资产而产生的处置利得或损失。债务重组中因处置非流动资产产生的利得或损失和非货币性资产交换产生的利得或损失也包括在本项目内。该项目应根据收益类科目新设置的资产处置收益账户的发生额分析填列，如为处置损失，以"－"号填列。

(12) 营业外收入项目和营业外支出项目，反映企业发生的与其生产经营无直接关系的各项收入和支出。这两个项目应分别根据营业外收入账户和营业外支出账户的发生额分析填列。

(13) 所得税费用项目，反映企业按企业所得税法规定从本期收益中减去的所得税。本项目应根据所得税费用账户的发生额分析填列。

2. 部分项目的计算

营业利润、利润总额、净利润等项目应根据利润表中相关项目计算填列。具体计算过程如下：

(1) 营业利润 = 营业收入 － 营业成本 － 税金及附加 － 销售费用 － 管理费用 － 财务费用 － 信用减值损失 － 资产减值损失 + 公允价值变动收益(－公允价值变动损失) + 投资收益(－投资损失) + 资产处置收益(－资产处置损失)。

(2) 利润总额 = 营业利润 + 营业外收入 － 营业外支出。

(3) 净利润 = 利润总额 － 所得税费用。

第四节 其他财务报表及附注

一、所有者权益变动表

(一) 所有者权益变动表概述

所有者权益变动表是反映构成所有者权益各组成部分当期的增减变动情况的报表。

（二）所有者权益变动表的作用

通过所有者权益变动表，既可以为报表使用者提供所有者权益总量增减变动的信息，也能为报表使用者提供所有者权益增减变动的结构性信息，特别是能够让报表使用者理解所有者权益增减变动的根源。

（三）所有者权益变动表的结构和内容

所有者权益变动表由表首和正表两个部分组成。表首包括报表名称、编制单位、编制时间和货币单位四个要素。所有者权益变动表各项目均需填列"本期金额"和"上期金额"两栏。"上期金额"栏内的各项数字应根据上年度所有者权益变动表"本期金额"栏内所列数字填列。如果上年度各个项目的名称和内容同本年度不一致，应对上年度所有者权益变动表各项目的名称和数字按本年度的规定进行调整，填入所有者权益变动表"上期金额"栏内。所有者权益变动表"本期金额"栏内各项数字一般应根据"实收资本(或股本)""资本公积""盈余公积""利润分配""库存股""以前年度损益调整"科目的本期发生额分析填列。一般企业所有者权益变动表的基本格式和内容详见表 9-3。

表 9-3　所有者权益变动表

编制单位：　　　　　　　　　　　　　　年度　　　　　　　　　　　　单位：元

项　　　目	本 期 金 额							上 期 金 额						
	实收资本(或股本)	资本公积(或股本溢价)	减：库存股	其他综合收益	盈余公积	未分配利润	所有者权益合计	实收资本(或股本)	资本公积(或股本溢价)	减：库存股	其他综合收益	盈余公积	未分配利润	所有者权益合计
一、上年年末余额														
加：会计政策变更														
前期差错更正														
二、本年年初余额														
三、本年增减变动金额(减少以"－"号填列)														
（一）综合收益总额														
（二）所有者投入和减少资本														
1．所有者投入资本														
2．股份支付计入所有者权益的金额														
3．其他														

续表

项　目	本 期 金 额							上 期 金 额						
	实收资本(或股本)	资本公积(或股本溢价)	减:库存股	其他综合收益	盈余公积	未分配利润	所有者权益合计	实收资本(或股本)	资本公积(或股本溢价)	减:库存股	其他综合收益	盈余公积	未分配利润	所有者权益合计
(三) 利润分配														
1. 提取盈余公积														
2. 对所有者(或股东)的分配														
(四) 所有者权益内部结转														
1. 资本公积转增资本(或股本)														
2. 盈余公积转增资本(或股本)														
3. 盈余公积弥补亏损														
4. 其他														
四、本年年末余额														

二、现金流量表

(一) 现金流量表概述

现金流量表是反映应一定时期内(如月度、季度或年度)企业经营活动、投资活动和筹资活动对其现金及现金等价物所产生影响的财务报表。

(二) 现金流量表的作用

现金流量表中的现金流量以收付实现制为基础,所揭示的现金流量信息可以从现金角度对企业偿债能力和支付能力做出更可靠、更稳健的评价。同时,现金流量表划分经营活动、投资活动、筹资活动,按类说明企业一个时期流入多少现金、流出多少现金及现金流量净额,可以概括反映经营活动、投资活动和筹资活动对企业现金流入流出的影响,对于评价企业的实现利润、财务状况及财务管理,要比传统的损益表更好。

(三) 现金流量表的结构和内容

现金流量表的基本结构分为表首、正表和补充资料三部分。表首部分包括报表名称、编制单位、编制时间和货币单位四个要素。正表部分包括经营活动产生的现金流量、投资活动产生的现金流量、筹资活动产生的现金流量、汇率变动对现金的影响等六部分。我国一般企业现金流量表的具体格式和内容如表 9-4 所示。

表 9-4 现 金 流 量 表

编制单位：　　　　　　　　　　　　　　　年　　　　　　　　　　　　　　单位：元

项　　目	本期金额	上期金额
一、经营活动产生的现金流量		
销售商品、提供劳务收到的现金		
收到的税费返还		
收到的其他与经营活动有关的现金		
经营活动现金流入小计		
购买商品、接受劳务支付的现金		
支付给职工以及为职工支付的现金		
支付的各项税费		
支付的其他与经营活动有关的现金		
经营活动现金流出小计		
经营活动产生的现金流量净额		
二、投资活动产生的现金流量		
收回投资所收到的现金		
取得投资收益所收到的现金		
处置固定资产、无形资产和其他长期资产收回的现金净额		
处置子公司及其他营业单位收到的现金净额		
收到其他与投资活动有关的现金		
投资活动现金流入小计		
购建固定资产、无形资产和其他长期资产所支付的现金		
投资支付的现金		
取得子公司及其他营业单位支付的现金净额		
支付其他与投资活动有关的现金		
投资活动现金流出小计		
投资活动产生的现金流量净额		
三、筹资活动产生的现金流量		
吸收投资收到的现金		
取得借款收到的现金		

续表

项　　目	本期金额	上期金额
收到其他与筹资活动有关的现金		
筹资活动现金流入小计		
偿还债务支付的现金		
分配股利、利润或偿付利息支付的现金		
支付其他与筹资活动有关的现金		
筹资活动现金流出小计		
筹资活动产生的现金流量净额		
四、汇率变动对现金的影响		
五、现金及现金等价物净增加额		
加：期初现金及现金等价物余额		
六、期末现金及现金等价物余额		

三、附注

(一) 附注概述

财务报表附注是财务会计报告的重要组成部分，旨在帮助财务报表使用者深入了解基本财务报表的内容。它是对资产负债表、损益表和现金流量表的有关内容和项目所作的说明和解释，以及对未能在这些报表中列示项目的说明。附注有助于向财务报告使用者提供更为有用的决策信息，帮助他们做出更为合理的决策。

(二) 附注的主要内容

财务报表附注包括以下内容：

(1) 企业的基本情况。

(2) 企业财务报告编制基础、编制依据、编制方法的说明，如遵循会计准则的声明、选用的会计政策及其变更情况。

(3) 对报表主要项目的解释说明。例如，我国《企业会计准则》规定的 8 项准备，其中只有固定资产的减值准备在报表上有列示，其他 7 项均在账面余额的基础上扣减后以净值反映，而在附注中有详细的说明，可以了解存货、应收账款等资产的减值情况。

(4) 不符合确认条件的财务会计信息，如出现了大量对企业影响重大但不符合资产负债等确认条件的信息。众所周知，企业人力和文化等无形资源、企业涉及的诉讼事项以及政策的限制或扶持情况，由于不符合各项资产负债的确认条件，无法在财务报表中反映，但该事项又对企业有着重大的影响，故可在附注中做出相应的说明，如此使得财务报告使用者能够获知更多的决策信息。

(5) 有关企业远景的前瞻性信息，如重大投资、融资活动、企业合并和分立、重要资产转让及出售等。

案例分析

小张工作两年了，终于升职到了总账岗位。某月初，财务经理王某让小张开始接手财务报表的编制工作，小张心想自己工作这么久了，编个财务报表那还不是手到擒来，于是信心满满，打算大干一场来证明自己有足够的实力胜任总账这一岗位，便向财务经理保证一定按时保质地完成报表的编制工作。下列事项为小张在编制 2022 年度财务报表中的处理：

(1) 将"应收账款"期末余额 315 万元(包含"应收账款——C 公司"的期末余额 –23 万元，其他均为正数余额)直接填入资产负债表"应收账款"项目。

(2) 将"生产成本"期末余额 40 万元填入利润表"营业成本"项目。

(3) 将"在建工程"期末余额 24 万元填入资产负债表"固定资产"项目。

(4) 将"研发支出——资本化支出"期末余额 23 万元和"研发支出——费用化支出"本期发生额 15 万元，合计 38 万元，填入资产负债表"无形资产"项目。

(5) 将"营业外收入"本期发生额 10 万元填入利润表"营业收入"项目。

(6) 2022 年 12 月底发现 2022 年度利润未达到领导期望，将本应在 2023 年初发货的项目提前开票确认为 2022 年 12 月收入。

分析：

(1) 小张在编制资产负债表和利润表过程中，上述(1)~(6)各事项相关处理是否正确？如有错误请改正。

(2) 上述(1)~(6)各事项的处理对相关财务报表有什么影响？

(3) 当今社会，公司造假丑闻屡见不鲜，有人说："财务就是造假、做假账。"也有人说："财务数据还不是财务部门说了算！"甚至有人说："不学会做假账，财务人员就得不到职业发展。"针对事件(6)谈谈小张这样做是否正确。财务人员上述行为的后果是什么？未来财务人员的职业发展方向是什么？作为未来的财务经理甚至财务总监，又该如何发现这类问题，杜绝这类问题的发生？

实　　训

一、资产负债表编制

◆ 实训目的
掌握资产负债表各主要项目的填列。

◆ 实训资料

先锋公司 2022 年 12 月 31 日资产负债表相关总分类账户和明细分类账户余额如表 9-5 所示(为了便于理解，假设先锋公司于 2022 年 1 月 1 日成立，即期初无余额)。

表 9-5　总分类账户和明细分类账户的余额表

单位：元

账户名称	借方余额	贷方余额	账户名称	借方余额	贷方余额
库存现金	32 169.00		短期借款		
银行存款	456 000.00		应付账款		156 800.00
交易性金融资产			预收账款		

账户名称	借方余额	贷方余额	账户名称	借方余额	贷方余额
应收账款	1 230 000.00		应付职工薪酬		2 680.00
预付账款			应缴税费		1 200.00
其他应收款	15 000.00		应付股利		
原材料	228 000.00		其他应付款		3 930.00
在途物资			长期借款		
库存商品	456 000.00		实收资本		2 000 000.00
生产成本	27 800.00		资本公积		500 000.00
固定资产	486 500.00		盈余公积		24 369.00
累计折旧		35 000.00	未分配利润		243 690.00
无形资产	36 200.00				

◆ **实训要求**

根据表 9-5 相关账户余额编制先锋公司 2022 年 12 月 31 日的资产负债表(见表 9-6)。

表 9-6 资 产 负 债 表

编制单位： 年 月 日 单位：

资　　产	期末余额	期初余额	负债和所有者权益	期末余额	期初余额
流动资产：			流动负债：		
货币资金			短期借款		
交易性金融资产			应付票据		
应收票据			应付账款		
应收账款			预收账款		
预付账款			应付职工薪酬		
应收利息			应缴税费		
应收股利			应付利息		
其他应收款			应付股利		
存货			其他应付款		
一年内到期的非流动资产			一年内到期的非流动负债		
其他流动资产			流动负债合计		
流动资产合计			非流动负债：		
非流动资产：			长期借款		
长期应收款			应付债券		
长期股权投资			非流动负债合计		

续表

资　　产	期末余额	期初余额	负债和所有者权益	期末余额	期初余额
固定资产			所有者权益：		
在建工程			实收资本		
无形资产			资本公积		
长期待摊费用			盈余公积		
其他非流动资产			未分配利润		
非流动资产合计			所有者权益合计		
资产合计			负债和所有者权益合计		

二、利润表编制

◆ **实训目的**

掌握利润表各主要项目的填列。

◆ **实训资料**

先锋公司 2022 年有关损益类账户的发生额资料如表 9-7 所示(为了便于理解，假设先锋公司于 2022 年 1 月 1 日成立，即上年度无发生额)。

表 9-7　损益类账户发生额明细表

单位：元

账户名称	借方发生额	贷方发生额
主营业务收入		2 120 000.00
其他业务收入		
投资收益		
主营业务成本	1 120 000.00	
其他业务成本		
税金及附加	34 710.00	
销售费用	252 000.00	
管理费用	368 000.00	
财务费用	7 100.00	
所得税费用	92 000.00	
营业外收入		
营业外支出	2 500.00	

◆ **实训要求**

根据表 9-7 所示的损益类账户发生额编制先锋公司 2022 年度利润表(见表 9-8)。

表 9-8 利 润 表

编制单位： 年 月 单位：

项 目	本期金额	上期金额
一、营业收入		
减：营业成本		
税金及附加		
销售费用		
管理费用		
财务费用		
信用减值损失		
资产减值损失		
加：公允价值变动收益(损失以"−"号填列)		
投资收益(损失以"−"号填列)		
其中：对联营企业的投资收益		
加：资产处置收益(损失以"−"号填列)		
二、营业利润(亏损以"−"号填列)		
加：营业外收入		
减：营业外收支		
三、利润总额(亏损以"−"号填列)		
减：所得税费用		
四、净利润(亏损以"−"号填列)		
五、其他综合收益的税后净额		
(一) 不能重分类进损益的其他综合收益		
(二) 将重分类进损益的其他综合收益		
六、综合收益总额		
七、每股收益		
(一) 基本每股收益		
(二) 稀释每股收益		

第十章　账务处理程序

案例导入

先锋公司原是一家小规模生产企业，经过多年发展已经成为一家规模较大、业务量较多的企业。公司会计发现近年来会计工作越来越繁重。经过咨询会计师事务所发现，先锋公司的会计确认、计量流程一直都是根据原始凭证编制记账凭证，再根据记账凭证逐笔登记库存现金日记账、银行存款日记账、各类明细分类账、总分类账，期末进行对账并根据明细分类账、总分类账及相关资料编制会计报表。会计师事务所指出，这样的会计账务处理程序对小规模生产企业非常适用，但对于规模较大、业务量较多的企业来说，此种账务处理程序的工作量较大。会计师事务所建议，先锋公司应改变账务处理程序以适应目前公司的业务规模。

思考：

先锋公司应采用哪种账务处理程序？为什么？

第一节　账务处理程序概述

一、账务处理程序的概念

账务处理程序，也称会计确认、计量程序或会计确认、计量形式，是指会计凭证、会计账簿、会计报表有机结合的形式和方法，其中又包括账簿组织与记账程序。账簿组织是指会计凭证、会计账簿的种类、格式以及会计凭证和会计账簿之间的关系等。记账程序是指运用一定的工作程序和方法，将已发生的交易或事项通过从原始凭证、记账凭证的填制与审核，会计账簿的登记，到会计报表的编制这一过程反映出来的程序与步骤。

二、账务处理程序的种类

在我国会计确认、计量工作的长期实践中，形成了不同的账务处理程序。这些不同的账务处理程序是由账簿组织、记账程序和记账方法以不同的方式相结合所决定的。比较常见的账务处理程序包括三种：记账凭证账务处理程序、科目汇总表账务处理程序、汇总记账凭证账务处理程序。

以上账务处理程序既有相似之处，又有不同点。其不同点主要体现在各账务处理程序中登记总分类账的依据和方法的差异。各单位可以从自身实际需要出发，合理选择运用一种或者多种账务处理程序，以适应其规模大小程度、业务繁简情况，以及准确、及时、全面地反映其交易或事项的状况与各项财务收支指标的情况。

第二节 记账凭证账务处理程序

一、记账凭证账务处理程序的概念及特点

记账凭证账务处理程序是指一种先根据原始凭证或汇总原始凭证编制记账凭证，再依据记账凭证直接逐笔登记总分类账的账务处理程序。它是一种最基本的账务处理程序，其他账务处理程序都是以此为基础的。

记账凭证账务处理程序的特点是依据记账凭证直接逐笔登记总分类账。

二、记账凭证账务处理程序的一般步骤

记账凭证账务处理程序的确认、计量一般要经过七个步骤，如图 10-1 所示。

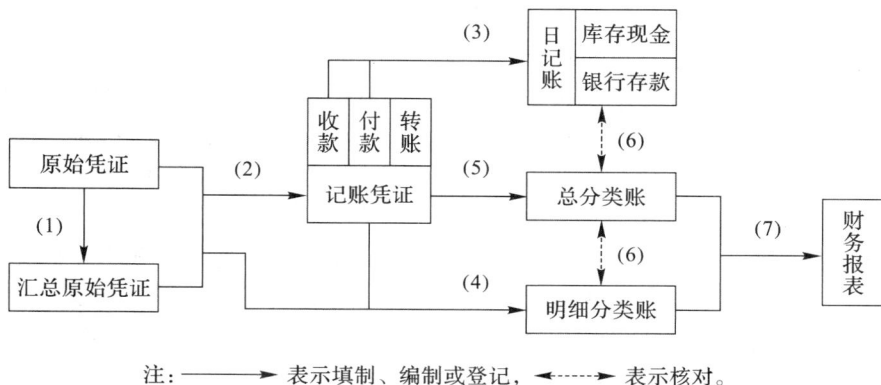

注： ——→ 表示填制、编制或登记， ◀----▶ 表示核对。

图 10-1 记账凭证账务处理程序

(1) 将一定数量的同类型交易的原始凭证汇总，编制汇总原始凭证。

(2) 根据原始凭证或汇总原始凭证，编制记账凭证。记账凭证可采用专用记账凭证的格式(包括收款凭证、付款凭证和转账凭证)，也可以采用通用记账凭证的格式。

(3) 根据收、付款凭证逐笔登记库存现金日记账和银行存款日记账。库存现金日记账和银行存款日记账一般采用三栏式(收入、支出、结余)的订本账格式；库存现金日记账也可以用现金收入日记账和现金支出日记账来分别进行登记。

(4) 根据记账凭证，并参照原始凭证、汇总原始凭证，逐笔登记各种明细分类账。明细分类账的格式可根据各单位实际的会计确认、计量需要，分别采用三栏式、多栏式或数量金额式的账簿格式。

(5) 根据记账凭证逐笔登记总分类账。总分类账的账簿格式一般采用三栏式(借、贷、余)的订本账格式。

(6) 在期末，将现金日记账、银行存款日记账、明细分类账余额与总分类账中相关联账户的余额进行核对，以保证其相符。

(7) 在期末，在总分类账与明细分类账核对无误的基础上，根据总分类账、明细分类账及相关资料编制财务报表。

三、记账凭证账务处理程序的评价及适用范围

由于记账凭证账务处理程序的特点是依据记账凭证直接逐笔登记总分类账，因此此账务处理程序具有直观、简洁明了、易于理解与操作的优点，能清晰详细地反映各总账账户之间，总账与库存现金日记账、银行存款日记账，明细账之间的对应关系，从而能较为详细系统地反映各单位的交易或事项的情况。但由于其需要直接逐笔登记总分类账，会导致工作量较大。

记账凭证账务处理程序适用的单位一般规模较小、交易或事项量较少。

★思政小课堂

《会计基础工作规范》及《中华人民共和国会计法》的相关规定对账务处理程序的规范性提出了要求。但在实务中，企事业单位还是存在会计凭证取得及填制不规范、登记账簿不规范、财务报表编制不规范等问题。造成这些问题的原因包括政府财政部门对各企事业单位的监督力度不足、企事业内部对于账务处理工作的规范性重视程度不够以及会计从业人员的素质良莠不齐等。某些单位的会计人员对账务处理工作的规范认识不足、对存在的问题认识不够或不会纠正，另有部分会计从业人员身兼数家甚至数十家企业的会计确认、计量工作，导致其对于账务处理程序中的细节无法顾及。此外，还有一部分会计从业人员缺乏"爱岗敬业""提高技能"的职业道德意识。

为顺应建设社会主义法治国家的需要，坚持立德树人、德法兼修，会计从业人员应在熟悉《会计基础工作规范》及《中华人民共和国会计法》的相关规定的基础上，不断提高自身职业素质，培养良好的职业道德意识。在工作中，不仅要重视提高专业理论知识，对于会计账务处理流程中的细节也应认真对待、一丝不苟。

第三节 科目汇总表账务处理程序

一、科目汇总表账务处理程序的概念及特点

科目汇总表账务处理程序又称记账凭证汇总表账务处理程序，指的是一种将所有记账凭证定期汇总，再按会计科目编制成科目汇总表，最后根据科目汇总表登记总分类账的账务处理程序。

与记账凭证账务处理程序相比，科目汇总表账务处理程序的特点是：不需要通过记账

凭证逐笔登记总分类账，而是定期根据汇总记账凭证进行科目汇总表的编制，再根据科目汇总表编制科目汇总表登记总分类账。

二、科目汇总表的编制方法

编制科目汇总表时，要定期(每天、5 天、10 天、15 天或一个月，视各单位业务量而定)汇总全部记账凭证，并按照会计科目进行归类，将每一个会计科目的本期借方发生额和贷方发生额汇总，同时将其填写在科目汇总表相对应的各栏内。

科目汇总表的"会计科目"栏中的科目首先是由本期交易或事项所涉及的科目汇总而来，再按照总分类账的科目顺序进行排列的。科目汇总表的"本期发生额"栏下的"借方"和"贷方"，是根据本期汇总的记账凭证按会计科目汇总而成的。汇总后，将本期借方发生额和本期贷方发生额分别进行加总，进行本期发生额的试算平衡。科目汇总表格式如表 10-1所示。

表 10-1 科目汇总表

年 月 日至 日

会计科目	过 账	本期发生额		记账凭证起讫号数
		借 方	贷 方	
合 计				

三、科目汇总表账务处理程序的一般步骤

科目汇总表财务处理程序一般要经过八个步骤，如图 10-2 所示。

(1) 依据原始凭证编制汇总原始凭证。汇总的依据是一定时期内数量达到一定程度的同类型交易的原始凭证。

(2) 根据原始凭证或汇总原始凭证，编制记账凭证。记账凭证可以采用专用记账凭证的格式(包括收款凭证、付款凭证和转账凭证)，也可以采用通用记账凭证的格式。

(3) 根据收、付款凭证逐笔登记现金日记账和银行存款日记账。现金日记账和银行存款日记账一般采用三栏式(收入、支出、结余)的订本账格式；现金日记账也可以用现金收入日记账和现金支出日记账来分别进行登记。

(4) 根据记账凭证，并参照原始凭证、汇总原始凭证，逐笔登记各种明细分类账。明细分类账的格式可根据各单位实际的会计确认、计量需要，分别采用三栏式、多栏式或数量金额式的账簿格式。

(5) 根据各类记账凭证定期汇总编制科目汇总表。科目汇总表上应注明作为凭据的各记账凭证起讫号数。

(6) 根据科目汇总表登记总分类账。总分类账的账簿格式一般采用三栏式(借、贷、余)的订本账格式。

(7) 在期末，将库存现金日记账、银行存款日记账、明细分类账余额与总分类账中相关联账户的余额进行核对，以保证其相符。

(8) 在期末，在总分类账与明细分类账核对无误的基础上，根据总分类账、明细分类账及相关资料编制财务报表。

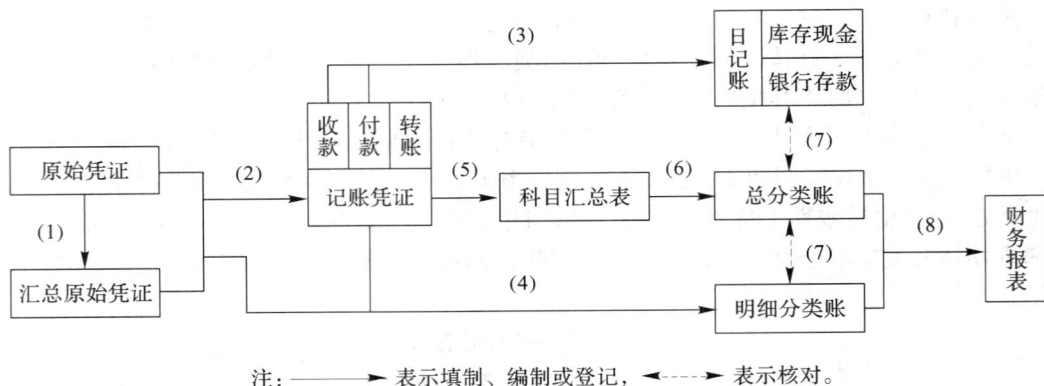

图 10-2　科目汇总表账务处理程序

四、科目汇总表账务处理程序的评价和适用范围

由于科目汇总表账务处理程序是根据科目汇总表登记总分类账而非直接通过记账凭证逐笔登记总分类账，因此登记总分类账的工作量大为减轻。科目汇总表账务处理程序的另一个优点是可将各会计科目的本期借方发生额与本期贷方发生额加总来进行试算平衡，从而起到提高总分类账登记准确性的作用。但是因为科目汇总表按本期借方、贷方发生额进行各科目的汇总，因此不能反映各账户之间的对应关系；而且总分类账登记的是从科目汇总表定期汇总的数字，本期发生的各项交易或事项的来龙去脉也不能被直接反映出来。

由于科目汇总表账务处理程序具有工作量相对较少、能进行试算平衡等优点，其适用于一般会计主体，尤其是经纪业务量较多、规模较大的单位。

第四节　汇总记账凭证账务处理程序

一、汇总记账凭证账务处理程序的概念及特点

汇总记账凭证账务处理程序是指一种根据原始凭证编制收款凭证、付款凭证和转账凭证，定期分别编制汇总收款凭证、汇总付款凭证和汇总转账凭证，再根据以上汇总记账凭证登记总分类账的会计确认、计量的组织程序。

汇总记账凭证账务处理程序的特点为定期(如 5 天或 10 天)汇总并编制三种记账凭证(收款凭证、付款凭证、转账凭证)，并依据以上汇总记账凭证来进行总分类账的登记。汇总记账凭证账务处理程序与科目汇总表账务处理程序的确认、计量程序均为定期汇总记账凭证，

再根据汇总记账凭证或科目汇总表来登记总分类账；这两种账务处理程序都是在记账凭证账务处理程序的基础上进一步完善发展的。

二、汇总记账凭证的编制方法

汇总记账凭证由三种凭证构成，分别是汇总收款凭证、汇总付款凭证和汇总转账凭证。汇总记账凭证按月填制，每月1张，每月至少汇总3次，每次间隔时间不超过10天。

(一) 汇总收款凭证的编制

汇总收款凭证是根据一定时期内收款凭证的汇总编制而成的。收款凭证是按一个借方科目("库存现金"或"银行存款")与一个或多个贷方科目相对应填制而成的，因而分为库存现金收款凭证和银行存款收款凭证两种类型。相对应地，汇总收款凭证也据此分为汇总库存现金收款凭证和汇总银行存款收款凭证两类。在编制汇总收款凭证时，根据借方科目"库存现金""银行存款"编制汇总库存现金收款凭证和汇总银行收款凭证，在此基础上归类并定期(如5天或10天，视单位业务量而定)汇总与其相对应的贷方科目，每月编制再在月末加和每一个贷方科目的本期发生额来进行分类账的登记。汇总收款凭证常见格式如表10-2所示。

表 10-2　汇总收款凭证

借方科目：　　　　　　　　　　　　　　　　年　　月　　　　　　　　　　　　　　　汇收第　　　号

贷方科目	金　　额			总 账 页 数		
	1～10日 收款凭证 第　号至第　号	11～20日 收款凭证 第　号至第　号	21～30日 收款凭证 第　号至第　号	合　计	借　方	贷　方
合　计						

(二) 汇总付款凭证的编制

汇总付款凭证是根据一定时期内付款凭证的汇总编制而成的。付款凭证是按一个贷方科目("库存现金"或"银行存款")与一个或多个借方科目相对应填制而成的，因而分为库存现金付款凭证和银行存款付款凭证两种类型。相对应地，汇总付款凭证也据此分为汇总库存现金付款凭证和汇总银行存款付款凭证两类。在编制汇总付款凭证时，根据贷方科目"库存现金""银行存款"编制汇总库存现金付款凭证和汇总银行付款凭证，在此基础上归类并定期(如5天或10天，视单位业务量而定)汇总与其相对应的借方科目，每月编制再在月末将每一个借方科目的本期发生额加起来进行总分类账的登记。汇总付款凭证常见格式如表10-3所示。

表 10-3   汇总付款凭证

贷方科目：   年   月   汇付第   号

借方科目	金 额			总 账 页 数		
	1～10 日 付款凭证 第　号至第　号	11～20 日 付款凭证 第　号至第　号	21～30 日 付款凭证 第　号至第　号	合　计	借　方	贷　方
合　计						

(三) 汇总转账凭证的编制方法

汇总转账凭证是根据一定时期转账凭证的汇总编制而成的。由于转账凭证的借、贷方科目不固定，为了便利起见，汇总转账凭证在编制时是按每一个贷方科目来进行设置的，在此基础上根据与贷方科目相对应的借方科目加以归类并定期(如 5 天或 10 天，视单位业务量而定)汇总，每月编制再在月末加和每一个借方科目的本期发生额来进行总分类账的登记。由于汇总转账凭证是按贷方科目来进行设置的，转账凭证须按照一贷一借或一贷多借的形式来进行填制，而非一借多贷或多借多贷。此外，在某一贷方科目的转账凭证为数不多的情况下，也可越过汇总转账凭证的步骤，直接根据转账凭证来进行总分类账的登记。汇总转账凭证常见格式如表 10-4 所示。

表 10-4   汇总转账凭证

贷方科目：   年   月   汇转第   号

借方科目	金 额			总 账 页 数		
	1～10 日 转账凭证 第　号至第　号	11～20 日 转账凭证 第　号至第　号	21～30 日 转账凭证 第　号至第　号	合　计	借　方	贷　方
合　计						

三、汇总记账凭证账务处理程序的一般步骤

汇总记账凭证账务处理程序一般要经过八个步骤，如图 10-3 所示。

(1) 依据原始凭证编制汇总原始凭证。汇总的依据是一定时期内数量达到一定程度的同类型交易的原始凭证。

(2) 根据原始凭证或汇总原始凭证，编制记账凭证。记账凭证通常采用专用记账凭证

的格式(包括收款凭证、付款凭证和转账凭证)。

(3) 根据收、付款凭证逐笔登记库存现金日记账和银行存款日记账。现金日记账和银行存款日记账一般采用三栏式(收入、支出、结余) 的订本账格式；现金日记账也可以用现金收入日记账和现金支出日记账来分别进行登记。

(4) 根据记账凭证，并参照原始凭证、汇总原始凭证，逐笔登记各种明细分类账。明细分类账的格式可根据各单位实际的会计确认、计量需要，分别采用三栏式、多栏式或数量金额式的账簿格式。

(5) 根据各类记账凭证定期编制汇总记账凭证(包括汇总收款凭证、汇总付款凭证和汇总转账凭证)。

(6) 根据各类汇总记账凭证登记总分类账。总分类账的账簿格式一般采用三栏式(借、贷、余)的订本账格式。

(7) 在期末，将库存现金日记账、银行存款日记账、明细分类账余额与总分类账中相关联账户的余额进行核对，以保证其相符。

(8) 在期末，在总分类账与明细分类账核对无误的基础上，根据总分类账、明细分类账及相关资料编制财务报表。

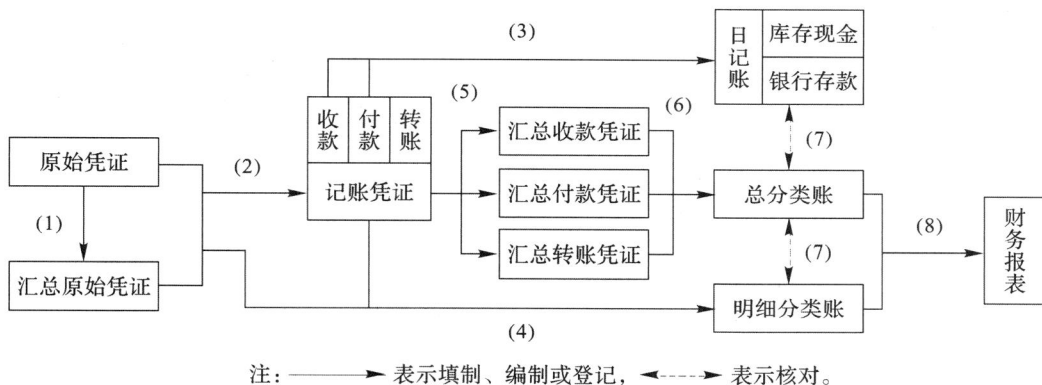

图 10-3 汇总记账凭证账务处理程序

四、汇总记账凭证账务处理程序的评价和适用范围

由于汇总记账凭证账务处理程序是以汇总记账凭证为依据来进行总分类账的登记的，而汇总记账凭证是按照借方与贷方科目之间的对应关系进行归类填制的，各账户之间的相互关系及交易或事项的发生状况能够被清晰地反映出来，便于经济活动的监督、检查。汇总记账凭证账务处理程序的另一个优点是，由于汇总记账凭证是在月末被一次登入总分类账的，总分类账登记的工作被大大简化。此账务处理程序的缺点包括：与科目汇总表账务处理程序相比，汇总收款凭证、汇总付款凭证和汇总转账凭证的编制比科目汇总表的编制工作量大。此外，由于汇总记账凭证是按每一贷方科目进行归类汇总的，当出现一借多贷或多借多贷的情况时，一个会计分录需要被拆解成多个来进行登记，从而影响会计确认、计量工作的合理分工。

汇总记账凭证处理程序适用于交易或事项数量较大、规模较大、种类相对较少的单位。

案例分析

《中华人民共和国会计法》第十七条规定：各单位应当定期将会计账簿记录与实物、款项及有关资料相互核对，保证会计账簿记录与实物及款项的实有数额相符、会计账簿记录与会计凭证的有关内容相符、会计账簿之间相对应的记录相符、会计账簿记录与会计报表的有关内容相符。

先锋公司目前采用的账务处理程序为科目汇总表账务处理程序，即根据原始凭证编制记账凭证，根据记账凭证逐笔登记库存现金日记账、银行存款日记账、各类明细分类账，根据记账凭证编制科目汇总表，再根据科目汇总表登记总分类账。期末进行对账并根据明细分类账、总分类账及相关资料编制财务报表。科目汇总表账务处理程序的流程如图 10-4 所示。

分析：

《中华人民共和国会计法》第十七条中关于对账的四个"相符"要求分别出现在图中的哪一步，以及在每一步的对账过程中容易出现的错误有哪些？

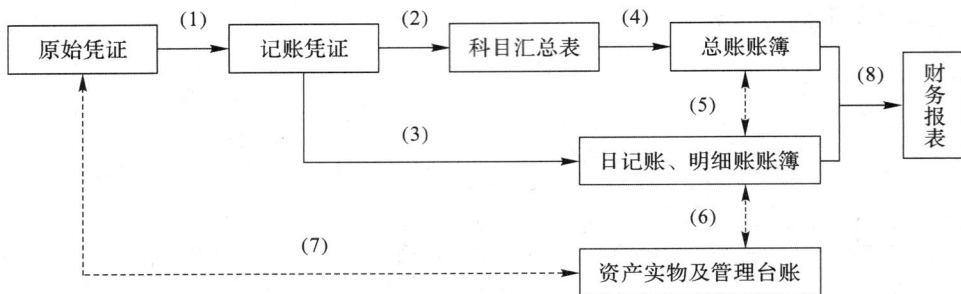

注：────▶ 表示流程走向，◀----▶ 表示互相核对。

图 10-4　先锋公司科目汇总表财务处理程序

实　　　训

◆ **实训目的**

掌握汇总记账凭证的编制。

◆ **实训资料**

先锋公司相关凭证资料如图 10-5 至图 10-17 所示。

图 10-5　收款凭证 1 号

付款凭证

贷方科目：银行存款　　　　2022 年　12 月　2 日　　　　银付 字第1号

摘　要	借方科目		记账	金　额									
	总账科目	明细科目		亿	千	百	十	万	千	百	十	元	角	分
支付欠Y百货货款	应付账款	Y百货	√						3	0	0	0	0	0
合　计								¥	3	0	0	0	0	0

会计主管：　　　　记账：　　　出纳：　　　审核：　　　制单：

附单据1张

图 10-6　付款凭证 1 号

付款凭证

贷方科目：库存现金　　　　2022 年　12 月　3 日　　　　现付 字第2号

摘　要	借方科目		记账	金　额									
	总账科目	明细科目		亿	千	百	十	万	千	百	十	元	角	分
购买办公用品	管理费用	办公费	√							4	5	0	0	0
合　计									¥	4	5	0	0	0

会计主管：　　　　记账：　　　出纳：　　　审核：　　　制单：

附单据1张

图 10-7　付款凭证 2 号

转账凭证

2022 年 12 月 6 日　　　　转 字第 1 号

摘　要	总账科目	明细科目	借方金额											贷方金额											√
			亿	千	百	十	万	千	百	十	元	角	分	亿	千	百	十	万	千	百	十	元	角	分	
销售商品款未收	应收账款	Z公司				4	6	8	0	0	0	0														
	主营业务收入																4	0	0	0	0	0	0		
	应交税费	应交增值税（销项）															6	8	0	0	0	0		
合　计					¥	4	6	8	0	0	0	0				¥	4	6	8	0	0	0	0		

会计主管：　　　　记账：　　　出纳：　　　复核：　　　制单：

附单据1张

图 10-8　转账凭证 1 号

收款凭证

借方科目：银行存款　　　　2022 年　12 月　8 日　　　　银收 字第2号

摘　要	贷方总账科目	明细科目	√	金　额									
				亿	千	百	十	万	千	百	十	元	角	分
收到货款	应收账款	Z公司					4	6	8	0	0	0	0
合　计						¥	4	6	8	0	0	0	0

会计主管：　　　　记账：　　　出纳：　　　审核：　　　制单：

附单据1张

图 10-9　收款凭证 2 号

收款凭证

借方科目：库存现金　　　　　　　2022 年　12 月　20 日　　　　　　现收 字第3号

摘　要	贷方总账科目	明细科目	√	亿	千	百	十	万	千	百	十	元	角	分
收到职工还款	其他应收款	张三								8	0	0	0	
合　计									¥	8	0	0	0	

会计主管：　　　　　记账：　　　　　出纳：　　　　　审核：　　　　　制单：

附单据1张

图 10-10　收款凭证 3 号

付款凭证

贷方科目：银行存款　　　　　　　2022 年　12 月　30 日　　　　　　银付 字第3号

摘　要	总账科目	明细科目	记账	亿	千	百	十	万	千	百	十	元	角	分
提取现金备发工资	库存现金		√					1	0	0	0	0	0	0
合　计								¥	1	0	0	0	0	0	0

会计主管：　　　　　记账：　　　　　出纳：　　　　　审核：　　　　　制单：

附单据1张

图 10-11　付款凭证 3 号

转账凭证

2022 年 12 月 30 日　　　　　　转 字第 2 号

摘要	总账科目	明细科目	借方金额 亿	千	百	十	万	千	百	十	元	角	分	贷方金额 亿	千	百	十	万	千	百	十	元	角	分	√
计提本月职工薪酬	生产成本	A产品						5	7	0	0	0	0												
	销售费用	工资及福利费						3	4	2	0	0	0												
	管理费用	工资及福利费						2	2	8	0	0	0												
	应付职工薪酬	工资																1	0	0	0	0	0	0	
	应付职工薪酬	福利费																	1	4	0	0	0	0	
合　计							¥	1	1	4	0	0	0	0				¥	1	1	4	0	0	0	0	

会计主管：　　　　　记账：　　　　　出纳：　　　　　复核：　　　　　制单：

附单据1张

图 10-12　转账凭证 2 号

付款凭证

贷方科目：库存现金　　　　　　　2022 年　12 月　30 日　　　　　　现付 字第4号

摘　要	总账科目	明细科目	记账	亿	千	百	十	万	千	百	十	元	角	分
支付工资	应付职工薪酬	工资	√					1	0	0	0	0	0	0
合　计								¥	1	0	0	0	0	0	0

会计主管：　　　　　记账：　　　　　出纳：　　　　　审核：　　　　　制单：

附单据1张

图 10-13　付款凭证 4 号

转 账 凭 证

2022 年 12 月 31 日 　　　　　　　　转 字第 3 号

摘要	总账科目	明细科目	借方金额 亿	千	百	十	万	千	百	十	元	角	分	贷方金额 亿	千	百	十	万	千	百	十	元	角	分	√
结转销售产品成本	主营业务成本						1	0	0	0	0	0	0												
	库存商品	A产品																1	0	0	0	0	0	0	
合　计			¥				1	0	0	0	0	0	0	¥				1	0	0	0	0	0	0	

会计主管：　　　记账：　　　出纳：　　　复核：　　　制单：　　　附单据1张

图 10-14　转账凭证 3 号

转 账 凭 证

2022 年 12 月 31 日 　　　　　　　　转 字第 4 号

摘要	总账科目	明细科目	借方金额 亿	千	百	十	万	千	百	十	元	角	分	贷方金额 亿	千	百	十	万	千	百	十	元	角	分	√
结转主营业务收入	主营业务收入						4	0	0	0	0	0	0												
	本年利润																	4	0	0	0	0	0	0	
合　计			¥				4	0	0	0	0	0	0	¥				4	0	0	0	0	0	0	

会计主管：　　　记账：　　　出纳：　　　复核：　　　制单：　　　附单据1张

图 10-15　转账凭证 4 号

转 账 凭 证

2022 年 12 月 31 日 　　　　　　　　转 字第 5 号

摘要	总账科目	明细科目	借方金额 亿	千	百	十	万	千	百	十	元	角	分	贷方金额 亿	千	百	十	万	千	百	十	元	角	分	√
结转营业成本	本年利润						1	0	0	0	0	0	0												
	主营业务成本																	1	0	0	0	0	0	0	
合　计			¥				1	0	0	0	0	0	0	¥				1	0	0	0	0	0	0	

会计主管：　　　记账：　　　出纳：　　　复核：　　　制单：　　　附单据1张

图 10-16　转账凭证 5 号

转 账 凭 证

2022 年 12 月 31 日 　　　　　　　　转 字第 6 号

摘要	总账科目	明细科目	借方金额 亿	千	百	十	万	千	百	十	元	角	分	贷方金额 亿	千	百	十	万	千	百	十	元	角	分	√
结转费用账户	本年利润					6	1	5	0	0	0	0	0												
	管理费用																2	7	3	0	0	0	0	0	
	销售费用																3	4	2	0	0	0	0	0	
合　计			¥			6	1	5	0	0	0	0	0	¥			6	1	5	0	0	0	0	0	

会计主管：　　　记账：　　　出纳：　　　复核：　　　制单：　　　附单据1张

图 10-17　转账凭证 6 号

◆ **实训要求**

根据以上资料编制汇总凭证。

(1) 编制汇总银行存款付款凭证。

汇总付款凭证见图 10-18。

汇总付款凭证

贷方账户：　　　　　　　　　　　　年　　　月　　　　　　　　　　　　　　第　1　号

借方账户	金　额				记　账	
	1—10日	11—20日	21—31日	合　计	借　方	贷　方

附件　(1) 自　　　日至　　　日　　凭证共　　　张
　　　(2) 自　　　日至　　　日　　凭证共　　　张
　　　(3) 自　　　日至　　　日　　凭证共　　　张

图 10-18　汇总付款凭证

(2) 编制汇总银行存款收款凭证。

汇总收款凭证见图 10-19。

汇总收款凭证

借方账户：　　　　　　　　　　　　年　　　月　　　　　　　　　　　　　　第　2号

贷方账户	金　额				记　账	
	1—10日	11—20日	21—31日	合　计	借　方	贷　方

附件　(1) 自　　　日至　　　日　　凭证共　　　张
　　　(2) 自　　　日至　　　日　　凭证共　　　张
　　　(3) 自　　　日至　　　日　　凭证共　　　张

图 10-19　汇总收款凭证

(3) 编制汇总本年利润转账凭证。

汇总转账凭证见图 10-20。

汇总转账凭证

贷方账户：　　　　　　　　年　　　月　　　　　　　　　　第　3　号

借方账户	金　额				记　账	
	1—10日	11—20日	21—31日	合　计	借　方	贷　方

附件　(1) 自　　　　日至　　　　日　凭证共　　　　张
　　　(2) 自　　　　日至　　　　日　凭证共　　　　张
　　　(3) 自　　　　日至　　　　日　凭证共　　　　张

图 10-20　汇总转账凭证

(4) 编制汇总应缴税费转账凭证。

汇总转账凭证见图 10-21。

汇总转账凭证

贷方账户：　　　　　　　　年　　　月　　　　　　　　　　第　4号

借方账户	金　额				记　账	
	1—10日	11—20日	21—31日	合　计	借　方	贷　方

附件　(1) 自　　　　日至　　　　日　凭证共　　　　张
　　　(2) 自　　　　日至　　　　日　凭证共　　　　张
　　　(3) 自　　　　日至　　　　日　凭证共　　　　张

图 10-21　汇总转账凭证

(5) 编制汇总现金收款凭证。

汇总收款凭证见图 10-22。

汇总收款凭证

借方账户：　　　　　　　　年　　　月　　　　　　　　　　第　5　号

贷方账户	金　额				记　账	
	1—10日	11—20日	21—31日	合　计	借　方	贷　方

附件　(1) 自　　　　日至　　　　日　凭证共　　　　张
　　　(2) 自　　　　日至　　　　日　凭证共　　　　张
　　　(3) 自　　　　日至　　　　日　凭证共　　　　张

图 10-22　汇总收款凭证

参 考 文 献

[1]　刘桔. 会计学基础[M]. 上海：上海交通大学出版社，2018.

[2]　财政部会计司编写组. 企业会计准则汇编 2021[M]. 北京：经济科学出版社，2021.

[3]　中华人民共和国财政部. 企业会计准则应用指南(2021年版)[M]. 上海：立信会计出版社，2021.

[4]　王红云,赵永宁. 财经法规与会计职业道德[M]. 3 版. 北京:中国人民大学出版社,2020.

[5]　赵雪媛. 会计学[M]. 5 版. 北京：经济科学出版社，2021.

[6]　刘永泽，陈立军. 中级财务会计[M]. 6 版. 大连：东北财经大学出版社，2018.

[7]　朱小平，秦玉熙，袁蓉丽. 基础会计[M]. 11 版. 北京：中国人民大学出版社，2021.

[8]　陈国辉，迟旭升. 基础会计[M]. 7 版. 大连：东北财经大学出版社，2021.

[9]　陈立军. 中级财务会计[M]. 5 版. 北京：中国人民大学出版社，2020.

[10]　李善恩. 谈账务处理程序乱象及治理[J]. 现代经济信息，2014(01)：237+240.